Tristán López, Agustín

      Estándares de calidad para pruebas  objetivas  / Agustín Tristán López, Rafael Vidal Uribe.  — Bogotá : Cooperativa Editorial Magisterio, 2006.

      164 p. ;  24 cm. — (Aula Abierta)

      Incluye bibliografía.

1.      Mediciones y pruebas educativas – Colombia 2. Mediciones y pruebas educativas – Manuales 3. Mediciones y pruebas educativas – Diseño 4. Estudiantes – Evaluación I. Vidal Uribe, Rafael II. Tít.

III. Serie.

371.261 cd 20 ed.

AJF3448

CEP-Banco de la República-Biblioteca Luis-Angel Arango

# *Estándares de calidad para pruebas objetivas*

*Agustín Tristán López*
*Rafael Vidal Uribe*

*ESTÁNDARES DE CALIDAD PARA PRUEBAS OBJETIVAS*

**Autores**
©     *AGUSTÍN TRISTÁN LÓPEZ*
       *RAFAEL VIDAL URIBE*

Libro ISBN: 978-958-20-0857-4

Primera edición: 2006

Reimpresion: 2018

---

©   *COOPERATIVA EDITORIAL MAGISTERIO*
     Diagonal 39 Bis No. 20- 70 (ParkWay- La Soledad) Telefono: (571) 3383605
     Bogotá, D.C. Colombia
     *www.magisterio.com.co*

**Dirección General**
*ALFREDO AYARZA BASTIDAS*


---

# Contenido

## *Segunda parte*
## *Paquete de autoevaluación para pruebas objetivas*

# Presentación

Cuando se diseña una prueba educativa es común escuchar que el diseñador ha hecho su mejor esfuerzo para garantizar la validez, la confiabilidad y otros atributos que le dan la certeza de que dispone del mejor instrumento para dictaminar algún rasgo o habilidad, atendiendo a que se debe satisfacer algún requerimiento escolar, de ingreso a un trabajo o de índole nacional. Es significativo que la gran mayoría de diseñadores de pruebas desconocen que su diseño también debe satisfacer un conjunto de cualidades que permitan dictaminar que la prueba misma tiene la calidad esperada, más allá de lo que el diseñador estime a partir de su experiencia o de su buena voluntad. Estos requerimientos externos constituyen el conjunto de estándares publicados por un par de agencias especializadas, generalmente en idioma inglés.

La necesidad de contar con un documento de estándares para el diseño de pruebas objetivas en nuestro idioma es imperiosa. Hemos constatado que se necesita sobre todo de un documento de difusión iberoamericana, pero que pueda servir como referencia para otros países que requieren de información comparativa respecto a las prácticas que se tienen en países anglosajones, especialmente (aunque no exclusivamente) en los Estados Unidos de América. Nuestro propósito es presentar un documento adaptado a nuestros países de habla hispana, aunque no por ello menos exigente. El objetivo perseguido es disponer de un documento que establezca el conjunto de estándares más completo posible, pero breve; que sea de uso práctico, pero que brinde un sustento teórico razonable para una persona interesada en profundizar en el tema; un documento especializado en pruebas objetivas pero de propósito general para apoyar al diseñador de otro tipo de pruebas (psicológicas, cuestionarios de opinión, etc.). Pretendemos, finalmente, contar con un documento que proporcione recomendaciones y modelos, de utilidad sobre todo para el recién iniciado en el tema, pero que no restrinja las posibilidades de uso de otros modelos que desee emplear un investigador o docente con más experiencia.

Existen esfuerzos realizados anteriormente en nuestros países de presentar prácticas recomendables para el diseño de pruebas, muchos de estos esfuerzos se quedan en unos cuantos párrafos con observaciones de sentido común. Otros esfuerzos no logran concretar una información que permite traducirse en aplicaciones prácticas. El caso más notable es el esfuerzo de publicación de los "Estándares de Calidad para Instrumentos de Evaluación Educativa", publicados en el año 2000 por el Centro Nacional para la Evaluación Superior de México (Ceneval), en ese entonces, su Director General el Maestro Antonio Gago Huguet, reconoció la necesidad de contar con una evaluación externa al Ceneval, para lo cual constituyó el Consejo Asesor Externo (CAE), del cual formaban parte los autores de la presente obra, junto con otros reconocidos especialistas. El CAE tuvo, entre otras tareas, realizar una "metaevaluación" de las pruebas diseñadas por el Ceneval, razón por la cual requería de especificaciones que sirvieran de marco de referencia para los responsables de las pruebas y para los mismos miembros del CAE, de manera de poder determinar el grado de calidad de una prueba. Este marco de referencia se plasmó en el citado documento de estándares. Sin embargo, a pesar de la utilidad del documento, faltó un paso adicional que facilitara su aplicación por personal no experto. En el citado documento se incluyeron 126 estándares, pero no todos eran aplicables en todas las circunstancias ni en todos los tipos de prueba; en consecuencia su uso se tornó muy complejo; además, no se dispuso de un criterio para juzgar la calidad de pruebas en desarrollo; ni se contó con una herramienta que organizara el trabajo para su aplicación simple y expedita.

Nuestra experiencia con los procesos de metavevaluación realizados para diversas instituciones de México y del extranjero, nos hacen ver la utilidad de contar con estos estándares y de disponer de las herramientas para su uso. El enfoque de los estándares no debe estar asociado a una corriente de la evaluación en particular, aun cuando puede afirmarse que cualquier prueba tiene una connotación asociada a un enfoque académico, con implicaciones sociales y hasta políticas. Las pruebas pueden tener, en efecto, dichas connotaciones, pero están más asociadas con el perfil y las características de diseño que con la forma de la prueba. Es muy común que se confunda el diseño con la presentación de la prueba, el perfil que sirve de referencia para la evaluación y el tipo de ítems aplicados, en suma, se confunden el fondo y la forma. Los estándares establecen elementos para que el fondo y la forma estén plenamente justificados para los fines que se persigan en un proceso de evaluación, pero la pura existencia de los estándares no implica afiliación con una tendencia, ni garantiza que una evaluación sea completamente neutra, sin tendencia o "químicamente pura". Es tarea de los diseñadores de una prueba el atender el propósito para el cual se diseña, eliminando sesgos y tendencias o, por lo menos, reduciendo los efectos negativos que pudieran existir en el proceso de evaluación, por ello hay algunos estándares en este sentido.

Los estándares pueden ser empleados igualmente por diseñadores de pruebas cuantitativas o cualitativas; por responsables de pruebas de selección, de tamizaje, de diagnóstico, sumativas o de certificación; por docentes y encargados de políticas educativas con enfoques constructivistas, reflexivos, memorísticos o tradicionales. Los estándares no están asociados con ninguna taxonomía de procesos o de productos de aprendizaje, por ello no se restringe a pruebas específicas, pueden emplearse en pruebas de tipo académico o de competencias profesionales, así como en pruebas psicológicas y clínicas; en pruebas para ingreso a educación preescolar o parvularia hasta pruebas de egreso universitario o de certificación profesional. Por último, no están hechos exclusivamente para agencias evaluadoras, sino también para el docente en la práctica del aula, cada persona deberá encontrar los estándares que le corresponden de acuerdo con su ámbito de influencia o necesidades de evaluación.

Para cumplir con estos propósitos se plantea este documento dividido en dos partes. La primera parte integra el conjunto de estándares, cuya ventaja respecto a otros documentos previos se sitúa en la organización de los temas, definidos no solamente por la temática que desde el punto de vista teórico se tiene en el campo de la evaluación educativa, sino también desde el punto de vista de un plan de trabajo para diseñar una prueba. Cada elemento se identifica por un título y el estándar se detalla en una o varias recomendaciones de calidad. El estándar se clasifica de acuerdo con su prioridad en Alta, media y baja, atendiendo a su pertinencia de cumplirse en 6, 12 ó 18 meses dentro del plan de desarrollo descrito más adelante. También se cuenta con comentarios que permiten aclarar puntos contenidos en los estándares para su uso posterior. Con estos dos puntos, puede afirmarse que un diseñador responsable de una prueba (desde un docente con su grupo de estudiantes, hasta un coordinador de una prueba de aplicación nacional en un país) dispone de una herramienta que le indica paso a paso los estándares que debe satisfacer para tener una garantía razonable de la calidad de la prueba, así como indicadores de los aspectos que deben corregirse o mejorarse en futuros diseños de la prueba.

En la segunda parte de esta obra se incluye un cuestionario de autoevaluación para la calidad de pruebas objetivas, diseñado por nosotros en el año 2001 y que hemos empleado para el diagnóstico de calidad de pruebas educativas en varias instituciones. Este cuestionario no solamente funciona como lista de cotejo, sino también como elemento organizador que facilita aún más la aplicación de los estándares de la primera parte. Junto con el cuestionario de autoevaluación se indican criterios y se brindan explicaciones adicionales, de ayuda para integrar una mejor prueba, diagnosticar cómo se ha hecho y definir el plan de trabajo para lo que falte por realizar.

El cuestionario de autoevaluación se acompaña de una guía de aplicación y de calificación, para que se pueda establecer el grado de cumplimiento de los estándares y diseñar el plan de trabajo de mejora de la prueba a corto, mediano y largo plazos.

Los autores contemplan una tercera parte, que incluirá un glosario, una bibliografía sugerida y un conjunto de parámetros y modelos de interés para el diseñador, con los cuales podrá precisar mucho mejor los puntos que establecen los parámetros para un proyecto particular. Esta tercera parte se publicará posteriormente.

Para la revisión de estos estándares se contó con la cooperación de varios especialistas de Colombia, El Salvador, España y México, representantes de instituciones públicas y privadas, de agencias evaluadoras y de instituciones educativas.

Para terminar, deseamos rendir un sincero homenaje al Maestro Gago Huguet, volviendo a tomar sus palabras: "Al realizar la difusión pública de este documento, los autores asumimos la responsabilidad de que este trabajo debe servir a todos los que se dedican a la elaboración de pruebas: a los académicos, a las autoridades educativas y, en general, a todas las personas que se interesan en la evaluación, siempre en la perspectiva del mejoramiento de la calidad de la educación".

*Los autores*

# Primera parte

# *Estándares*

# Responsables del Proyecto y de la información hacia el público

En esta Sección se pide detallar los datos de las personas que se encarguen de realizar la prueba y también quienes sean responsables de brindar la información al público. Estas personas deben contar con experiencia en esta tarea y además deben contar con el respaldo de otros profesionales que avalen el contenido de la información por parte de la Institución o como apoyo al Responsable de la prueba. Esta Sección persigue que la documentación que se proporcione para el Proyecto, esté avalada por personas distintas al Responsable directo del Proyecto, con lo que se tiene una garantía para los usuarios de la seriedad del proceso, de la calidad de la información proporcionada y de que hay una responsabilidad conjunta entre varios grupos de personas, lo cual elimina o, por lo menos, reduce la posibilidad de que la información sea apócrifa o ficticia.

Para los fines de estos estándares se denomina Proyecto a la combinación formada por una prueba y todos los elementos y recursos humanos, económicos y materiales necesarios para dicha prueba. En los recursos humanos se considera el conjunto integrado por una persona o grupo de personas que están encargados de la planeación, diseño, administración, análisis y logística de una prueba.

| 0.1 Responsables | Prioridad: Alta | Comentarios |
|---|---|---|
| La prueba debe ser diseñada por especialistas responsables con experiencia, que podrán responder a cualquier requerimiento de información respecto al diseño, aplicación, uso e interpretación de la prueba. Se debe proporcionar un currículum vitae de los responsables. | | a) El estándar establece que el diseño de una prueba no debe dejarse a la improvisación o a la buena voluntad de una persona encargada del proceso de evaluación. Los responsables del diseño de la prueba deben estar plenamente identificados, especificando su experiencia en diseño de pruebas y en el campo de la evaluación.<br><br>b) Cuando se trata de una prueba de nivel nacional, la prueba debe ser diseñada por un grupo, pero cuando se trata de una prueba informal o de clase, se puede tratar de un docente. En ambos casos el estándar pide que haya una responsabilidad explícita del diseño de la prueba; con ello, todas las acciones asociadas con la recopilación de evidencias de calidad de la prueba deben ser efectuadas por dichos responsables.<br><br>c) El estándar plantea que no se emplee indiscriminadamente una prueba cuyo autor sea desconocido y cuya responsabilidad respecto a su aplicación e interpretación sea inexistente. En muchas ocasiones en nuestro medio educativo se aplican pruebas por "tradición", sin ninguna referencia respecto a su diseño, propiedades psicométricas, edumétricas, clínicas o ámbito de aplicación. Los errores contenidos en dichas pruebas se perpetúan y los responsables de su aplicación culpan a los inexistentes diseñadores de los malos resultados que se obtienen con ellas. |

| *0.2 Aval* | *Prioridad: Alta* | *Comentarios* |
| --- | --- | --- |
| 1. El diseño de la prueba debe ser avalado o autorizado por responsables de la Institución o agencia. Deben ser personas diferentes a los responsables del diseño.<br><br>2. El aval puede ser otorgado por otro especialista que demuestre que las aseveraciones respecto al cumplimiento de los estándares son verdaderas. | a) El estándar pide que las evidencias que se presenten para garantizar la calidad de una prueba sean productos verdaderos del trabajo del individuo o grupo responsable de la prueba y que no se trate de materiales ficticios.<br><br>b) El estándar establece que se requiere un reconocimiento externo hacia la persona o grupo responsable del diseño de la prueba. Este reconocimiento implica que el individuo o grupo responsable de la prueba no actúa de manera libre e incontrolada, sino que los trabajos que realiza son reconocidos por las autoridades de la Institución donde se desarrolla el proceso o donde se aplica la prueba y que toda la información recabada es fidedigna.<br><br>c) El cumplimiento del estándar hace que la persona que conteste el Cuestionario de Autoevaluación cuente con el respaldo de su Institución o de otras personas que conocen su trabajo y que pueden avalar la calidad del desarrollo, así como los elementos contenidos en el Cuestionario de Autoevaluación. Por ejemplo, para un docente que desarrolla su prueba para uso en su clase, esta parte queda resuelta con la intervención de otro docente que pueda revisar el trabajo y que pueda firmar como aval del proceso seguido. En el caso de una agencia que produce una prueba en forma independiente, el |

| 0.2 Aval | *Prioridad: Alta* | *Comentarios* |
|---|---|---|
| | | aval puede ser obtenido de las instituciones o docentes que sean usuarios de la prueba.<br><br>d) También se puede solicitar la firma de reconocimiento por parte de algún especialista o profesional que confirme la veracidad de lo asentado en el Cuestionario de Autoevaluación, especialmente cuando el Responsable de la prueba no cuente con autoridades dentro de la organización en la cual trabaja que conozcan a detalle los trabajos. |
| 0.2 Aval | *Prioridad: Alta* | *Comentarios* |

# Órganos responsables del Proyecto

Para el desarrollo de un instrumento se necesita disponer de un cuerpo organizado y con funciones específicas para el diseño de la prueba, la redacción de reactivos, el análisis y la validación, etc.

Obsérvese que este estándar difiere del correspondiente a la Sección 0 en el sentido que en dicha Sección se establece la plena responsabilidad de la persona o grupo que va a atender los requerimientos de información (solicitados por un evaluador externo o por la sociedad en general). En esta Sección, en cambio, sólo se hace la descripción del organigrama y de las personas que de una u otra forma han intervenido en la prueba, pudiendo ser responsables o no del diseño en su totalidad. Las personas de la Sección 0 son también responsables de presentar la documentación de respaldo para el Proyecto.

| *1.1 Organigrama* | *Prioridad: Alta* | *Comentarios* |
|---|---|---|

I. El Proyecto debe disponer de una organización con funciones bien definidas, acorde con las características de la prueba a desarrollar, incluyendo tanto especialistas individuales como grupos representantivos de la estructura académica o social a la cual atiende el Proyecto.

2. El tamaño de la organización debe permitir el funcionamiento de todas las fases del Proyecto, pero debe disponerse de un organigrama de funciones con estos cuerpos básicos sugeridos:

a) Consejo General (puede ser un Consejo Técnico o equivalente), como estructura orgánica que define las características principales de la prueba, integrado por representantes de instituciones académicas, especialistas en evaluación, miembros de asociaciones profesionales, laborales, sociales o empresariales, que pueden participar como representantes de las asociaciones o en forma personal.

b) Responsable del Proyecto, encargado de la prueba. Debe contar con calificaciones académicas y experiencia en el área a evaluar o en el campo de la evaluación educativa.

c) Cuerpo Académico, con especialistas del área de competencias

a) El organigrama del Proyecto no tiene que reflejar el organigrama de la propia Institución, que puede tener otro tipo de líneas jerárquicas o de funciones, pero este estándar no se interesa por esta última organización sino específicamente en la del Proyecto.

b) El estándar establece la necesidad de contar con una organización específica para el Proyecto y sugiere los cuerpos necesarios para dicha organización. Esta organización puede diferir en función de las características del Proyecto y de la Institución misma donde se realicen los trabajos.

c) En el caso de pruebas realizadas por una Institución escolar para fines internos o por un docente para su propia asignatura, el organigrama se reduce en cuanto a personas, atendiendo a que una misma persona puede realizar más de una función, pero no se reduce en cuanto a las funciones mismas, las cuales deben ser identificadas claramente.

d) Puede ocurrir que el mismo docente sea el encargado de estas funciones: diseñar la prueba, redactar y aplicar y calibrar los ítems; en este caso se deben indicar las funciones citadas y se hará la anotación que todas las funciones son cubiertas por una misma persona.

e) La modalidad de que una sola persona sea Responsable de todo el Proyecto y de todas las funciones es aceptable

| *1.1 Organigrama* | *Prioridad: Alta* | *Comentarios* |
|---|---|---|

o de conocimientos a los cuales se enfoca el Proyecto. La organización de este Cuerpo en un solo comité unitario o en varios subcomités específicos queda a criterio de los responsables del Proyecto. El Cuerpo Académico debe incluir por lo menos dos subgrupos:

c.1) Grupo de redactores de reactivos o ítems, especialistas en el área de competencias o de conocimientos que se van a explorar en la prueba. Estos especialistas disponen de competencias específicas para el diseño de ítems de acuerdo con las normativas del Proyecto.

c.2) Grupo de revisores de reactivos o ítems, especialistas de competencias similares a las de los redactores, pero distintos, para garantizar que un ítem es revisado por personas ajenas al redactor o diseñador.

d) Cuerpo Técnico, encargado de las funciones de calibración, muestreo, análisis estadísticos, de confiabilidad y estudios diversos asociados con el Proyecto.

e) Cuerpo de Procesamiento de Información, incluyendo personal de informática, dedicado a los trabajos de gestión de las bases de datos, lectura o captura de las respuestas de los sustentantes. Dependiendo

en el caso de pruebas informales, pero puede mejorarse si el mismo docente solicita a otros colegas que le proporcionen ítems para el banco, y también si él se apoya en otros especialistas para la revisión de los ítems.

f) La modalidad citada en (e) no es aceptable en el caso de una prueba estandarizada de impacto nacional, donde la estructura orgánica del Proyecto requiere de una división de las funciones con responsables diferentes para cada una de ellas.

g) Entre los extremos de una prueba informal de clase y una prueba de carácter nacional, el Proyecto debe dimensionarse apropiadamente de acuerdo con las necesidades de la prueba.

h) Consúltese la Lista de Aplicación, donde se indican los estándares sugeridos para varios tipos de prueba (páginas 140 a 144).

| *1.1 Organigrama* | *Prioridad: Alta* | *Comentarios* |
|---|---|---|
| del tipo de prueba, se puede incluir un grupo de codificadores de las respuestas de los sustentantes para su transferencia a hojas de lectura óptica o de captura automatizada o manual.<br><br>f) Cuerpo de Logística, dedicado a las labores de aplicación, control de procesos, seguridad y resguardo de materiales, etc.<br><br>g) Cuerpo de investigación (opcional), encargado de analizar los resultados de las pruebas y realizar estudios que permitan avanzar en el estado del arte y del conocimiento en el área del Proyecto, publicar los trabajos de su investigación, promover el intercambio con otros investigadores, etc. | |

| *1.2 Consejo General* | *Prioridad: Alta* | *Comentarios* |
| --- | --- | --- |

1. El Proyecto debe contar con un Consejo General (Consejo Técnico o equivalente) que tome la responsabilidad de las decisiones relacionadas con la validez, aplicación y utilización de la prueba, entre otros aspectos.

2. Los otros cuerpos del organigrama deben estar subordinados a las decisiones del Cuerpo Técnico.

3. Son admisibles Proyectos con más de un Consejo responsable (por ejemplo un Consejo Técnico y un Consejo Administrativo), en cuyo caso deben estar claramente establecidas sus funciones y sus campos de acción.

a) En este estándar se pide detallar las funciones que debe tener el Consejo General cuya existencia se establece en el estándar [1.1], como parte de la organización del Proyecto.

b) En algunos Proyectos, especialmente los de impacto nacional, se tienen que atender varias instancias: gubernamentales, académicas, financieras, etc. Lo ideal es contar con un Consejo General o Consejo Técnico en el cual estén representadas todas estas instancias, pero puede ocurrir que la instancia gubernamental y financiera se mantenga en un plano operativo, encargado de la vigilancia del buen uso de los fondos económicos y de la logística y legalidad del Proyecto ante la normatividad nacional, por ello el Proyecto debe atender a dos Consejos, pero uno solo de ellos es el responsable de aspectos técnicos (como la validez de la prueba) y el otro es responsable de su aceptación en los ámbitos de gobierno. Al estar claras las dos funciones, el Responsable del Proyecto deberá atender ambos niveles de decisión conforme sea requerido y velar porque el cumplimiento de los requerimientos de una de las instancias no afecte a los requerimientos de la otra.

c) Por ejemplo para un docente en su clase, el Consejo General podría ser la junta de docentes de la asignatura o el mismo docente junto con el responsable académico de la Institución.

| *1.3 Comités específicos* | *Prioridad: Media* | *Comentarios* |
|---|---|---|
| El Proyecto debe contar con información suficiente que permita a cualquier persona interesada verificar la experiencia y acreditaciones de las personas que conforman cada cuerpo del organigrama, en particular los cuerpos o comités específicos encargados de los aspectos asociados con la calidad de la prueba: Cuerpo Académico, Cuerpo Técnico y Cuerpo de Procesamiento de Información. | a) El estándar pide que se documente la experiencia de las personas que integran los cuerpos o comités específicos que apoyan al Responsable del Proyecto dentro del organigrama, por ejemplo por área de conocimiento, por funciones para diseño de ítems o definición de especificaciones, etc.<br><br>b) Deben presentarse los nombres de los responsables de cada comité y un currículum breve. | |

2

# *Manual Técnico y planeación de la prueba*

S e debe contar con un Manual Técnico que especifique las bases de diseño, perfil, propósitos de la prueba y su planeación; también debe presentar un concentrado de resultados obtenidos con la prueba, estadísticas, interpretación, entre otros elementos que permitan juzgar acerca de la aplicación y respaldo técnico de la prueba. En estos estándares se solicitan evidencias de que se cuenta con elementos que sustentan la prueba. Es práctica común en nuestro medio desarrollar una prueba como "colección de ítems", organizados de manera aproximada a un contenido temático en proporciones aceptables para el diseñador, pero sin contar con los elementos que permitan afirmar que la prueba ha sido planeada y organizada para evaluar un perfil específico, con los tiempos y actividades que una tarea de esta índole requiere.

| *2.1 Manual Técnico* | *Prioridad: Alta* | *Comentarios* |
| --- | --- | --- |

1. El Proyecto debe contar con un Manual Técnico, publicado o, cuando menos, disponible para el uso y consulta de las personas, autoridades o instancias interesadas, desde el momento en que el Proyecto sea considerado como operativo o publicable.

2. El Manual Técnico es un documento que debe contener, por lo menos:

a) Fundamentos metodológicos y de planeación del Proyecto. En este caso debe indicarse la vigencia del Proyecto e identificar cuando se trate de una actualización o documentación complementaria.

b) Fundamentación teórica y las características o especificaciones de las pruebas desarrolladas, indicando el propósito de su uso o aplicación.

c) Modelos cualitativos y cuantitativos empleados para el Proyecto, (estadísticos, analíticos, clínicos, edumétricos, psicométricos, etc.)

d) Resumen de los resultados obtenidos una vez que la prueba ha sido aplicada, tanto en su conjunto (validez, confiabilidad, puntos de corte, sesgo del instrumento, etc.), como de sus elementos (calibración

a) El Manual Técnico, como indica el estándar, es el documento de base para el Proyecto. No se considera admisible el desarrollo de una prueba sin una documentación mínima que fundamente el desarrollo. El estándar sugiere el contenido mínimo del Manual, mismo que puede ser enriquecido con toda la información que el Responsable del Proyecto considere pertinente.

b) En el Manual Técnico se pueden incluir, de hecho, todos los documentos que se solicitan como anexo en el Cuestionario de Autoevaluación, que sirve como índice del propio Manual, si así se considera pertinente por el Responsable.

c) En el caso de un Proyecto desarrollado por un docente para su clase, el Manual Técnico incluye los mismos puntos en un documento más breve, pero no por ello menos sustentado.

d) En el caso de que algunos de los puntos exigidos por el estándar no se tengan disponibles al momento de la publicación del Manual Técnico del Proyecto, se deberá indicar si está en proceso de desarrollo o si no se cuenta con la información, con lo que los posibles usuarios podrán juzgar el grado de avance del Proyecto y la forma de dimensionar su utilización.

| *2.1 Manual Técnico* | *Prioridad: Alta* | *Comentarios* |
| --- | --- | --- |
| de ítems, funcionamiento diferencial, sesgos, etc.).<br><br>3. Si el Proyecto incluye estudios de factores asociados al desempeño de los sustentantes, el Manual Técnico debe incluir un resumen de los aspectos metodológicos y de los resultados obtenidos. | | e) El Manual Técnico debe proporcionar la información que apoye a los revisores en la toma de decisiones asociadas con en el Proyecto.<br><br>f) El Manual Técnico puede complementarse con estudios detallados publicados por separado, mismos que pueden formar una colección de anexos o noticias técnicas para distribución a públicos especializados en forma selectiva. |

| 2.2 Perfil del sustentante | Prioridad: Alta | Comentarios |
|---|---|---|

1. La fundamentación teórica del Proyecto debe especificar el perfil de referencia de los sustentantes a quienes se dirige la prueba, que especifica los conocimientos, habilidades, cualidades, rasgos latentes o competencias esperadas para la población objetivo que se va a evaluar con la prueba.

2. El perfil de referencia debe incluir, por lo menos:

a) Características generales de los sustentantes (dependiendo del perfil: edad, escolaridad, conocimientos o habilidades previas independientemente de la escolaridad, etc.)

b) Fecha de realización y su relación con las bases sobre las que se fundamenta el perfil (programas de estudio, exploración en el medio laboral o profesional, estudios con empleadores, enfoque clínico, referencias bibliográficas, etc.)

c) Características adicionales asociadas con el perfil (nivel socioeconómico, idioma, requisitos para la aplicación de la prueba, adecuaciones o adaptaciones en caso de personas con capacidades especiales, atención hospitalaria, etc.)

a) El perfil de referencia permite aclarar a todos los interesados en el Proyecto cuáles son las características de las personas a quienes está enfocada una prueba, para evitar usos indiscriminados o inconvenientes.

b) A partir del perfil se puede establecer el ámbito de aplicación de una prueba, del cual se derivan las especificaciones mismas con las que se planea la prueba. Este perfil debe corresponder, por lo tanto, con los propósitos a los cuales se dirige el Proyecto.

c) El perfil puede aclarar si hay la posibilidad de que varias poblaciones o tipos de personas distintas se enfrenten a una misma prueba y, en su caso, justificar o explicar las posibles diferencias que esta práctica conlleve.

d) En el caso de pruebas desarrolladas por un docente para su clase, el perfil de referencia está definido (o debería serlo) por los planes de estudio o programas de la asignatura, donde se establecen los antecedentes académicos y los objetivos a satisfacer en la asignatura, a los cuales se dirige la prueba. Este perfil es el que deberá anotar el docente en este apartado del Manual Técnico.

e) Ejemplo de Proyecto: Ingreso a Primer Grado. El Proyecto se enfoca a medir las habilidades y pre-saberes de Matemática con los que cuentan

| *2.2 Perfil del sustentante* | *Prioridad: Alta* | *Comentarios* |
| --- | --- | --- |
| En su caso, para las pruebas de evaluación de egreso académico o profesional, se deberá indicar el nivel esperado o deseable. | | los niños y niñas que van a ingresar a primer grado de educación primaria, normalmente deben tener 7 años cumplidos, pero pueden presentarse entre 6 y 8 años de edad. Los sustentantes deben ser capaces de realizar operaciones lógicas y de razonamiento que les permitan identificar objetos en conjuntos, hacer su conteo, reconocer y continuar secuencias, ubicación y posición de objetos y sus partes. Estas capacidades permiten que el niño o niña estén en capacidad de aprender el manejo de conjuntos, realizar operaciones aritméticas de suma y resta y resolver problemas de la vida cotidiana que se le planteen, como base para el estudio ulterior de otros contenidos matemáticos más avanzados. Un sustentante que puede desempeñarse correctamente en los rasgos citados, se considera que tiene la madurez y competencias suficientes para iniciar el primer grado directamente; en caso contrario, se deberá sugerir un conjunto de actividades de reforzamiento o correctivas para que pueda emprender el estudio de las asignaturas de primer grado de manera exitosa. Se realizará un estudio para distinguir las diferencias de desempeño entre los sustentantes de acuerdo con la edad.<br><br>f) Ejemplo de Proyecto: Egreso de la Carrera de Dentista. El Proyecto evalúa las competencias de egreso de los estudiantes de la Carrera de Dentista, como requisito para su ingreso a la |

| *2.2 Perfil del sustentante* | *Prioridad: Alta* | *Comentarios* |
|---|---|---|
| | | vida profesional. Los sustentantes son estudiantes que han cursado todas las asignaturas de la Carrera de Dentista en la Universidad X. El futuro profesional debe ser capaz de:<br><br>[1] Establecer un diagnóstico acertado en el 70% de los casos que se le presenten con relación a la práctica profesional en gabinete dental no especializado, incluyendo la opción de canalizar al paciente hacia un especialista si fuera necesario.<br><br>[2] Definir los tipos de pruebas de laboratorio o análisis pertinentes para cada caso clínico y hacer su interpretación correcta, por lo menos en el 80% de los casos.<br><br>[3] Realizar los procedimientos de endodoncia, limpieza y curación que se le presenten en el gabinete clínico, satisfaciendo los requisitos de protocolo establecidos por la Institución.<br><br>[4] Contar con los conocimientos correspondientes a la práctica odontológica actual, para procesos preventivos, curativos de urgencia y tratamientos.<br><br>[5] Contar con los hábitos y actitudes de la práctica odontológica que permiten una atención de calidad para los pacientes que se le presenten. |

| *2.2 Perfil del sustentante* | *Prioridad: Alta* | *Comentarios* |
|---|---|---|
| | | La competencia del Proyecto está orientada a garantizar que el futuro profesional brinde una atención eficaz, oportuna, económica a los pacientes y que sea un digno profesional con los valores inculcados en la Universidad X, en beneficio propio y de la sociedad. |
| *2.2 Perfil del sustentante* | *Prioridad: Alta* | *Comentarios* |

| 2.3 Instrumentos por perfil | Prioridad: Alta | Comentarios |
| --- | --- | --- |

1. Debe describirse el conjunto de instrumentos que integran la prueba con relación al perfil de referencia a evaluar y la estructura de cada uno de ellos.

2. En el caso de pruebas referidas a criterio, especialmente las que estén asociadas con una certificación o concesión de licencia, debe evitarse tomar decisiones con base en una sola prueba integrada por ítems de opción múltiple, ni con base en una sola prueba.

3. Dentro de los instrumentos del Proyecto deben incluirse todas las fuentes de información pertinente y relevante, especialmente si esto permite incrementar la validez de las decisiones y aumentar la confiabilidad en la asignación de los puntos de corte.

4. Las características de las pruebas de anclaje que se incluyan como parte de los instrumentos, deben estar definidas y detalladas, incluyendo su dimensionamiento, contenidos, constructos, valores estadísticos y psicométricos, así como la justificación para su uso.

a) El estándar reconoce que una prueba puede estar formada por uno o varios instrumentos, debido a los alcances y requisitos que imponga el perfil de referencia descrito en el Proyecto.

b) Algunos perfiles pueden ser atendidos por medio de una sola prueba objetiva formada por ítems de opción múltiple, pero en otros casos se debe considerar una combinación formada por un instrumento objetivo con ítems de respuesta abierta, el llenado de un portafolios, la entrega de un proyecto, la preparación de materiales y la realización de actividades que demuestren la destreza del sustentante para realizar acciones específicas. Debe indicarse, como exige el estándar, la estructura de cada instrumento, cómo atiende la porción del perfil al cual se enfoca y cómo se integra el conjunto de instrumentos para dictaminar el cumplimiento del perfil de referencia.

c) Ejemplo de Proyecto: Egreso de la Carrera de Dentista. Para medir y reportar las cinco competencias del perfil del Proyecto se derivan estos instrumentos:

[1] Prueba objetiva por medio de 10 casos clínicos, aplicados como simulador en computadora, con ítems de selección simple (el ítem proporciona información al sustentante en caso de elegirlo durante el análisis del caso). Se

| *2.3 Instrumentos por perfil* | *Prioridad: Alta* | *Comentarios* |
|---|---|---|
| | | espera que el sustentante pueda atender correctamente por lo menos a 7 de los 10 casos que se le presenten.<br><br>[2] Prueba objetiva con ítems de opción múltiple propuestos a partir de 5 casos clínicos que integran pruebas de laboratorio y su interpretación. Se espera una solución correcta en 4 de los casos propuestos.<br><br>[3] Portafolios clínico (1): Cotejo del Supervisor. El sustentante deberá atender en las sesiones clínicas del último año de la carrera, por lo menos 20 casos distintos (incluyendo todos los campos a explorar) siguiendo los protocolos para los cuales se preparó en la carrera. Deberá integrar un portafolios con los reportes del supervisor quien anotará en la Lista de Cotejo las acciones que realice el sustentante y reportará el grado de satisfacción respecto al protocolo establecido. Al final del año deberá entregar su portafolios debidamente organizado.<br><br>[4] Prueba objetiva con 300 ítems de opción múltiple, organizados en los campos de aplicación de la práctica odontológica actual.<br><br>[5] Portafolios clínico (2): Cotejo por paciente. El supervisor integrará el portafolios clínico del sustentante con las opiniones recabadas a los pacientes atendidos. El cuestionario para el pa- |

| *2.3 Instrumentos por perfil* | *Prioridad: Alta* | *Comentarios* |
|---|---|---|
| | | ciente es un instrumento de 20 ítems en escala tipo Likert. <br><br> Se integra una escala combinada de los tres tipos de instrumento objetivo; para el portafolios clínico (1) y (2) se establece una escala adicional. Los puntos de corte para definir al sustentante competente en cada caso se proponen en el Manual Técnico en la sección correspondiente. <br><br> En anexo del Manual Técnico se detallan más características de los instrumentos y se cuenta con un manual específico para la integración del portafolios clínico. |

| *2.4 Tablas de especificaciones* | *Prioridad: Alta* | *Comentarios* |
| --- | --- | --- |

1. Debe proporcionarse la fundamentación necesaria y suficiente para identificar el ámbito de los conocimientos, habilidades o competencias del Proyecto, en forma de "descripción analítica" dentro de la Tabla de Especificaciones, de preferencia a una "descripción holística" cualitativa.

2. La Tabla de Especificaciones debe describir la importancia o peso que tiene cada elemento para el perfil de referencia, de acuerdo con las complejidades o niveles de desempeño establecidos desde un principio por el Consejo General (Consejo Técnico o equivalente).

3. Las definiciones deben ser suficientemente claras como para que los especialistas y diseñadores puedan relacionar los ítems y el dominio que representan.

4. En el caso de pruebas referidas a criterio, especialmente las que estén asociadas con una certificación o concesión de licencia, deberá fundamentarse por parte del Consejo General que lo indicado en las tablas de especificaciones es lo necesario y suficiente para garantizar el propósito de la certificación o licencia.

a) El estándar define la existencia de las tablas de especificaciones como indispensables para garantizar la relación o equivalencia entre el perfil de referencia, el dominio o campo de contenidos o competencias y los instrumentos requeridos por el Proyecto.

b) La Tabla de Especificaciones permite la interpretación directa entre los requerimientos del perfil y las características de los instrumentos y los ítems de ellos. A partir de la Tabla de Especificaciones, un especialista del área puede identificar la correspondencia de ítems y la posición que ocupa en las especificaciones dentro del perfil; del mismo modo es factible diseñar ítems atendiendo concretamente a las necesidades de la tabla en la proporción correspondiente a los pesos asignados en ella.

c) Las tablas de especificaciones quedan libres por parte del estándar a ser definidas como tablas de validez de contenido (enfocadas sólo a la evaluación), tablas de especificaciones propiamente dichas (enfocadas también a aplicaciones didácticas, donde se establecen los objetivos operacionales o los componentes de competencia de cada elemento de la tabla) o tablas (o cartas) descriptivas (enfocadas también a la planeación didáctica y el diseño curricular, donde se incluyen actividades didácticas dentro de un programa de asignatura o plan de estudios, se indi-

| *2.4 Tablas de especificaciones* | *Prioridad: Alta* | *Comentarios* |
|---|---|---|
| 5. Si los pesos de las partes o áreas de la prueba se establecen en la Tabla de Especificaciones en términos de una escala, se deberá indicar el error de medida de diseño que se está considerando en cada parte. | can los antecedentes y consecuentes, etc.).<br><br>d) Se especifica que es preferible la descripción analítica por ser objetiva, en contraposición de la descripción holística cualitativa que no necesariamente es objetiva, sin embargo no se cancela por parte del estándar una descripción de tipo cualitativo, si es que todos los involucrados tienen claridad en lo que se espera de ellos y si permite traducir esta información en especificaciones para diseño de un instrumento y de los ítems. | |

| 2.5 Planeación | Prioridad: Media | Comentarios |
|---|---|---|
| El Proyecto debe mostrar el esquema de planeación, detallando las actividades planteadas desde el establecimiento del organigrama, y las fases para el desarrollo de la prueba hasta la entrega de resultados. | | a) El desarrollo de una prueba no debe hacerse sin planeación, son inadmisibles, de acuerdo con este estándar, los desarrollos emergentes de aplicación de pruebas (por necesidades coyunturales, de presupuesto o de oportunidad en un programa académico, político o social), sin una base metodológica y sin una planeación adecuada. El impacto de una mala planeación muchas veces no se refleja en el *Responsable* del Proyecto sino en los sustentantes.<br><br>b) En el caso posible de una prueba con desarrollo emergente, se debe establecer la planeación para las siguientes aplicaciones y justificar a posteriori los aspectos de la planeación que no se hayan cubierto.<br><br>c) Para el cumplimiento de este estándar puede ser suficiente el plan de actividades y su cronograma o calendario de aplicación (Diagrama de Gantt), siempre y cuando se agregue una descripción de cada una de las actividades para la comprensión de cualquier instancia que desee revisar esta planeación. |

| 2.6 Adecuaciones | Prioridad: Baja | Comentarios |
| --- | --- | --- |
| 1. Se debe considerar desde la planeación y el diseño la posibilidad de hacer adecuaciones o adaptaciones para atender los casos de personas con capacidades especiales (discapacidades motrices, débiles visuales o invidentes, etc.), en caso de que estas adecuaciones modifiquen algunas características que afecten la equidad del perfil de referencia o del Proyecto.<br><br>2. Cuando las adecuaciones no afecten la equidad del perfil de referencia, sólo se deberán controlar como parte del proceso de aplicación. | | a) En algunos casos la forma de aplicación a personas con capacidades especiales sólo requiere de una adecuación para la aplicación, como por ejemplo pruebas en Braille, impresión del documento con tipo de letra más grande y legible para personas con debilidad visual, o uso de software para aplicación auditiva y táctil en teclado especial, etc.<br><br>b) Si las adecuaciones sólo se plantean para la aplicación pero no cambian el perfil de referencia, entonces este estándar puede ignorarse y sólo se reportará como parte del estándar [10.2]. |

| *2.7 Garantía contra sesgos* | *Prioridad: Baja* | *Comentarios* |
| --- | --- | --- |
| A reserva de realizar los análisis que justifiquen que los instrumentos del Proyecto no inducen un sesgo en la medición, se debe garantizar que el diseño de la prueba es apropiado para todos los posibles sustentantes, independientemente de su sexo, grupo étnico, antecedentes socioeconómicos, etc. | a) El estándar es importante porque rige las actividades posteriores correspondientes a los estudios de las posibles fuentes de sesgo. Se espera que el diseño no contenga fuentes de sesgo.<br><br>b) Un Proyecto debe incluir los análisis que demuestren la existencia de sesgo respecto al sexo de los participantes adjudicado al instrumento y brindar soluciones a esta situación, pero puede ocurrir que el perfil de referencia planteado por el Consejo General, contenga aspectos que, por diseño, favorecen el desempeño y el cumplimiento de uno u otro sexo. En consecuencia, los ajustes que se pudieran plantear al instrumento solo serían de tipo cosmético, siendo que el problema de fondo a resolver es el propio perfil de referencia.<br><br>c) En este caso no se pide por parte del estándar la presentación de resultados de los análisis o estudios de sesgo, porque deberán ser presentados en la sección 5. |

| *2.8 Procesos de revisión* | *Prioridad: Baja* | *Comentarios* |
| --- | --- | --- |

1. Se debe describir el proceso de revisión del Proyecto para actualizar, modificar, corregir y mejorar la prueba en futuras aplicaciones, en función de cambios en el perfil de referencia y en los fundamentos de las especificaciones de la prueba, así como también cuando se detecten cambios en la operatividad del Proyecto, usos inapropiados de la prueba, o consideraciones que provengan de estudios hechos sobre los resultados de los instrumentos.

2. Se sugiere la realización de evaluaciones internas y externas al Proyecto para todos los elementos contenidos en el Manual Técnico y también para los documentos solicitados en las otras secciones de estos estándares.

a) Toda prueba es susceptible de mejorar, actualizarse y sufrir cambios por diversas razones: cambios en el perfil de referencia, modificaciones en el estado del arte o en el estado de conocimientos de la especialidad relacionada con el Proyecto, cambios en las políticas nacionales, actualización de los planes y programas de estudio, usos indebidos de las pruebas, acciones fraudulentas ocurridas durante la aplicación, etc.

b) Puede observarse que no todos los cambios se relacionan con aspectos negativos, ya que algunos corresponden con la evolución natural que todo Proyecto va teniendo con el tiempo.

c) El Proyecto debe estar atento a todas estas variantes y contar con un proceso de revisión donde intervenga el Consejo General y el Coordinador del Proyecto.

# 3

# *Validez asociada con la prueba*

S e deben presentar evidencias del proceso que se sigue para garantizar la validez de las decisiones que se toman con la prueba. En general, con el modelo clásico de validez se puede presentar evidencias sobre la validez de contenido, de constructo, de criterio y de escala, incluyendo elementos que indiquen la forma en que se usan de manera válida los resultados obtenidos. Con los modelos integrados de validez se pueden establecer otros criterios holísticos o cualitativos, pero siempre mostrando que la forma en que se emplea la prueba es válida para el propósito para el cual fue diseñada.

Independientemente de que bajo los enfoques teóricos actuales de algunos autores se establece que la validez no es propiamente del instrumento sino del uso que se hace de él, o bajo el enfoque de otros autores se dice que se cuenta con elementos que le proporcionan validez a la prueba, en ambos enfoques la validez es el primer atributo con el que debe contar una prueba. Se trata de un atributo obligatorio, de prioridad alta, ineludible para el diseñador o grupo responsable de la prueba. Mientras más evidencias se tengan respecto de la validez de la prueba, será mucho más sólido el diseño y se contará con un elemento de base para garantizar la calidad del proceso de evaluación.

| *3.1 Evidencias de validez* | *Prioridad: Alta* | *Comentarios* |
|---|---|---|
| 1. Se debe disponer de fuentes de evidencia de validez de la prueba, incluyendo los análisis de consistencia con relación al perfil de referencia, los análisis de contenido, la correlación con criterios externos, el análisis de la escala definida en la prueba respecto a lo esperado en el Proyecto, dictamen de jueces, entre otros, así como la manera de integrar todas estas evidencias respecto al perfil y su interpretación.<br><br>2. Las fuentes de evidencia se deben actualizar periódica y sistemáticamente y los resultados deben integrarse a versiones actualizadas del Manual Técnico o de otros documentos de divulgación entre los usuarios del Proyecto.<br><br>3. Si una fuente de validez fuese necesaria para el Proyecto, pero por algunas razones no ha podido ser recopilada, deberá indicarse dentro de la documentación de este estándar.<br><br>4. Se debe fundamentar la combinación de resultados en los instrumentos que integran el Proyecto, para obtener una mayor validez en la calificación global o en la interpretación de resultados parciales de la prueba. | a) Las fuentes de evidencia para la validez son muy variadas, el estándar sugiere las más conocidas, pero el Responsable del Proyecto puede incluir otras más que le permitan apoyar las decisiones relacionadas con la prueba.<br><br>b) No se trata de escribir los criterios como si fuera una lista. El estándar pide detallar los procedimientos para garantizar la validez en general de la prueba.<br><br>c) En este estándar sólo se pide describir las fuentes de validez, pero no se requiere mostrar los resultados de los análisis, esto será solicitado en [3.2] y siguientes.<br><br>d) Al igual que en otros casos, el estándar reconoce que en algunas ocasiones no se cuenta con la información deseada, por lo tanto se tendría una deficiencia en el conjunto de evidencias acerca de la validez, misma que deberá ser reportada oportunamente. Se sugiere que el Responsable del Proyecto defina un plan para su análisis posterior y que explique en qué forma puede afectar al desarrollo del Proyecto el hecho de no contar con la información disponible al momento de diseñar la prueba.<br><br>e) La integración de varias evidencias de validez depende del propósito del Proyecto, del contexto en el cual se plantea y de la experiencia previa que se tenga con el tipo de prueba. |

| *3.1 Evidencias de validez* | *Prioridad: Alta* | *Comentarios* |
| --- | --- | --- |
| | | f) La forma de calificar debe describirse en [7.1], aquí se debe presentar la evidencia que brinde validez a los procedimientos con los cuales se realice la calificación. |
| *3.1 Evidencias de validez* | *Prioridad: Alta* | *Comentarios* |

| *3.2 Validez de contenido* | *Prioridad: Alta* | *Comentarios* |
|---|---|---|
| 1. Se debe describir el procedimiento específico para la realización del análisis de validez de contenido, del cual se desprenden las tablas de especificaciones.<br><br>2. Deberán incluirse los datos de la experiencia profesional de los jueces, su calificación y la capacitación recibida para el proceso, como elemento adicional de la validez del proceso. | | a) La validez de contenido se establece como una fuente clásica de evidencia de validez de una prueba, por ello se solicita en este estándar el procedimiento seguido para llegar a las tablas de especificaciones.<br><br>b) El resultado de los análisis de validez de contenido se plasma en la Tabla de Especificaciones, solicitada en el estándar [2.4], por lo que no se requiere incluir aquí, salvo el detalle del proceso seguido para llegar a ella.<br><br>c) Son aceptables tablas de especificaciones con pesos diferenciados (definidos a partir de la experiencia de los jueces del Consejo o personas que intervinieron en el diseño de la tabla, con lo cual se tiene una alta razón de validez de contenido pero errores de medida diferentes para cada parte de la prueba), o con pesos iguales (definidos por consideraciones técnicas que implican errores de medida iguales entre cada parte de la prueba), dependiendo de la justificación que haga el Responsable del Proyecto y los miembros del Consejo General.<br><br>d) Los procedimientos no están especificados ni limitados por el estándar, pudiendo emplearse diversas metodologías: jueceo en sus diversas modalidades para obtener tablas descriptivas o para calcular la razón de validez de contenido, etc. |

| *3.2 Validez de contenido* | *Prioridad: Alta* | *Comentarios* |
|---|---|---|
| | | e) Si se emplean jueces en uno o varios de los análisis (por ejemplo en validez de constructo y validez de contenido), se debe incluir el currículum vitae u hoja de vida de dichos jueces como soporte de las decisiones. |

| *3.3 Validez de criterio (1)* | *Prioridad: Media* | *Comentarios* |
|---|---|---|

1. Se debe describir el procedimiento específico para la realización de los análisis de validez de criterio, independientemente de otros indicadores predictivos asociados con la prueba.

2. Debe proporcionarse el modelo matemático específico que se sigue en el análisis y las características de la población o de la muestra en su caso, junto con todas las condiciones con las cuales se están tomando las decisiones que avalan estas evidencias de validez, incluyendo la forma de realizar las combinaciones de los puntajes y la posible generalización a poblaciones de características similares a la que se empleó para realizar el estudio.

3. En el modelo predictivo se debe aclarar la elección de las variables predictoras y las variables criterio, además de su justificación para elegirlas como fuente de validez. En particular debe indicarse el ámbito de recopilación de las variables y sus fuentes de error.

4. Debe reportarse toda evidencia que se tenga respecto de cualquier factor ajeno que afecte la medida de criterio, así como los procedimientos que se estén empleando para atenuar los efectos de dichos factores.

a) Se solicitan los modelos que brindan el soporte técnico a los análisis de validez de criterio. El estándar no especifica ni limita los tipos de análisis de validez, pudiendo ser predictiva, concurrente, retrospectiva o discriminante, pero sí pide especificar el modelo y por qué se prefiere respecto a otros modelos.

b) El estándar no especifica ni limita tampoco el modelo específico requerido para el análisis, por lo que pueden emplearse la teoría de correlación clásica o modelos multinivel, pero sí indica que el modelo matemático obtenido debe ser reportado, incluyendo las variables, las ecuaciones de regresión, coeficientes de correlación, sesgos por tipo de población, errores de medida, etc.

c) El estándar solicita datos del muestreo, incluyendo características de la población (por ejemplo: edad, sexo, escolaridad previa), tamaño y tipo de muestra, error de muestreo, precisión y cualquier otra característica que facilite la estimación de los parámetros producto del modelo.

d) La elección de las variables predictoras y las variables criterio debe permitir la justificación de las inferencias que se realicen con propósitos de promoción o selección de los sustentantes.

| *3.3 Validez de criterio (1)* | *Prioridad: Media* | *Comentarios* |
|---|---|---|
| 5. En el caso de intervenir jueces para definir el conjunto de variables involucradas en el modelo, se deberá incluir su experiencia profesional y calificaciones, junto con la capacitación recibida para el proceso de establecimiento del criterio. | | e) Los resultados de los análisis son solicitados en el estándar [3.4].<br><br>f) En el caso de un Proyecto desarrollado por un docente para su clase, se sugiere que el docente justifique la relación de la prueba con otros criterios obtenidos por observación o la interacción que se tiene con el estudiante a lo largo del curso y que brindan soporte al dictamen de aprobado o de reprobado para un estudiante. En este caso basta con describir la población de estudiantes de su clase para que sea dimensionada su aplicación e influencia en la toma de decisiones. |

| *3.4 Validez de criterio (2)* | *Prioridad: Media* | *Comentarios* |
|---|---|---|
| I. Los resultados de los análisis de validez de criterio, incluyendo los datos de la población o de la muestra, deben ser presentados en forma de resumen para una lectura por parte de los interesados y dotar al Manual Técnico de un anexo con los cálculos completos, dirigidos a la persona o instancia que requiera mayor detalle.<br><br>2. Si se realizaron análisis con datos ajustados en caso de tenerse restricciones de rango o atenuaciones, deberá indicarse en el Manual Técnico, y reportar los datos ajustados junto con los datos originales para su comparación. | a) La presentación de los resultados debe hacerse lo más completa posible, para dar soporte técnico a las decisiones relativas a la validez de criterio.<br><br>b) El estándar pide incluir los datos relativos a la población o muestra, como parte de la documentación requerida para poder juzgar los resultados de los análisis, fechas de aplicación y de recopilación de datos, etc.<br><br>c) Los estándares [3.3] y [3.4] persiguen que la justificación de la validez predictiva del Proyecto se realice en forma exhaustiva y detallada, evitando los casos en que los manuales sólo se enfocan a presentar resultados sin una base metodológica previa o, por el contrario, a describir una metodología tomada de la bibliografía especializada, pero que no se concreta en ningún estudio con los datos procedentes de la prueba.<br><br>d) Los resultados que se piden en este estándar deben mostrar que las inferencias que se hacen con el instrumento reflejan el criterio deseado y no aspectos socioeconómicos, de género o relativos a otra variable no medida con el instrumento.<br><br>e) En el caso de un Proyecto desarrollado por un docente para su clase, basta con que se incluya un cálculo básico de tipo correlación o, en caso de no ser posible, una tabla donde se describan |

| *3.4 Validez de criterio (2)* | *Prioridad: Media* | *Comentarios* |
|---|---|---|
| | | las características de los sustentantes y la asignación de dictamen (por ejemplo, aprobado, reprobado), de tal modo que una persona interesada pueda realizar los cálculos posteriormente. |
| *3.4 Validez de criterio (2)* | *Prioridad: Media* | *Comentarios* |

| 3.5 *Validez de constructo (1)* | *Prioridad: Media* | *Comentarios* |
|---|---|---|
| 1. Se debe describir el procedimiento específico para la realización del análisis de validez de constructo, indicando el modelo específico que se sigue en el análisis y para obtener el consenso de los especialistas o jueces participantes en dicho análisis.<br><br>2. Debe quedar claro el constructo específico que se mide con la prueba y su distinción respecto de otros constructos, así como demostrar que la prueba no depende de constructos ajenos al definido para el Proyecto.<br><br>3. Deberán incluirse los datos de la experiencia y calificaciones de los jueces y la capacitación que se ofreció para el proceso de jueceo, como elemento adicional de la validez del proceso. | a) Se solicita el procedimiento que brinda el soporte técnico a los análisis de validez de constructo. En estándar no especifica ni limita los tipos de análisis de validez, pudiendo ser por jueceo en sus diversas modalidades (métodos de Angoff, Ebel, etc.), tomando en cuenta los parámetros de constructo clásicos (relevancia, pertinencia, etc., con relación a las especificaciones) o los esquemas de anclaje (por ejemplo, el método de Beaton).<br><br>b) El estándar no especifica ni limita el modelo específico requerido para el análisis, por lo que pueden emplearse modelos de correlación clásica, uso de tablas de contingencia con coeficiente Kappa o con $\chi^2$, así como análisis factorial, análisis discriminante, escalamiento multidimensional, etc.<br><br>c) Los resultados de los análisis son solicitados en el estándar [3.6].<br><br>d) En el caso de un Proyecto desarrollado por un docente para su clase, se sugiere que justifique la relación de la prueba con los constructos, con base en la práctica seguida en los libros de texto o de consulta que emplea en su asignatura y con la opinión de otros docentes en asignaturas paralelas (estudio transversal), antecedentes o consecuentes (estudio longitudinal). |

| *3.6 Validez de constructo (2)* | *Prioridad: Media* | *Comentarios* |
| --- | --- | --- |

1. Los resultados de los análisis de validez de constructo deben ser presentados en forma de resumen para una lectura por parte de los interesados y dotar al Manual Técnico de un anexo con los análisis completos, dirigidos a la persona o instancia que requiera mayor detalle.

2. Deben presentarse las evidencias de que la prueba mide el constructo de diseño y sus diferencias respecto de los otros constructos o factores que pudieran estar asociados con la prueba.

a) La presentación de los resultados de los análisis debe hacerse lo más completa posible, para dar soporte técnico a las decisiones relativas a la validez de constructo.

b) Los estándares [3.5] y [3.6] persiguen que la justificación de la validez de constructo del Proyecto se realice en forma exhaustiva y detallada, evitando los casos en que sólo se enfocan los reportes a presentar resultados sin una base metodológica previa o, por el contrario, a describir una metodología tomada de la bibliografía especializada, pero que no se concreta en ningún estudio con los datos procedentes de la prueba.

c) Los resultados que se piden en este estándar deben mostrar que las inferencias sólo están asociadas con el constructo deseado y no con aspectos socioeconómicos, de género, etc.

d) En el caso de un Proyecto desarrollado por un docente para su clase, basta con incluir una tabla que muestre la relación de los ítems y la prueba con la práctica de los libros de texto o de referencia empleados en la asignatura. Pueden incluirse ejemplos de los ítems sugeridos a partir de los libros de referencia, para dar mayor soporte a la documentación de los constructos.

# Reactivos y objetividad

Los ítems o reactivos son la materia prima para el Proyecto, por ello se debe contar con un procedimiento o normatividad para diseñar o redactar los reactivos, así como la forma de integrar el banco de ítems. Esta normatividad debe ser transmitida a los diseñadores, quienes deben recibir una capacitación para satisfacer las necesidades de la prueba con calidad y eficiencia. Los ítems deben ser revisados por un cuerpo de especialistas diferente al de los diseñadores. Además se deben calibrar los ítems a partir de aplicaciones piloto y como actividad cotidiana en cada aplicación. Con el proceso de validación se acumulan evidencias de la validez de los ítems aprobados y se debe emitir recomendaciones para corregir los ítems que pudieran tener alguna deficiencia.

Más allá de que el banco de ítems funcione como un "almacén" de ítems debidamente clasificado, es necesario garantizar que se cuenta con un sistema de gestión de los reactivos que permita generar pruebas en forma eficaz. Este sistema no necesariamente debe estar computarizado, pero sí contener los parámetros que permitan identificar las cualidades de los ítems empleados en la prueba y disponer de políticas de uso y control, donde se cuide la clasificación y la vigencia del ítem respecto a las especificaciones de la prueba. El Proyecto debe mostrar un inventario debidamente organizado.

Los ítems no necesariamente son de opción múltiple, pueden emplearse todos los tipos de ítem justificados por el Proyecto para garantizar la objetividad de la medición.

En algunos casos se puede considerar la opción de contar con un Banco de Pruebas (o Banco de Instrumentos) en lugar o además de un Banco de ítems. La decisión de un modelo u otro depende de las capacidades técnicas del Proyecto y la flexibilidad que se requiera para su puesta en marcha y actualización.

| *4.1 Manual de diseño de ítems* | *Prioridad: Media* | *Comentarios* |
| --- | --- | --- |
| 1. El diseño de ítems debe estar normalizado a través de un conjunto de especificaciones y un formato contenidos en un Manual de Diseño de ítems que proporcione claramente toda la descripción para que los grupos de especialistas puedan realizar sus diseños.<br><br>2. El Manual debe indicar las calificaciones y experiencia necesarias para que los especialistas puedan participar en el diseño de ítems, así como el proceso de capacitación requerido.<br><br>3. El manual debe indicar también el procedimiento de diseño en caso de ser individual o grupal, en condiciones controladas en un ambiente cerrado o si el redactor puede hacer sus ítems libremente y enviarlos al administrador del banco de ítems. | a) Debe contarse con un Manual de Diseño de ítems que va a servir no solamente como documento de apoyo en la capacitación de los diseñadores de ítems, sino también como material de respaldo para atender dudas durante el proceso de integración del Banco.<br><br>b) El estándar pide que se tenga una norma para el formato y las especificaciones a incluir en el ítem. Es práctica difundida solicitar la redacción de acuerdo con el Manual, incluyendo la justificación de la respuesta correcta del ítem (y de las opciones o de las respuestas parciales en su caso), un grupo de referencias que permita verificar la validez del ítem, el objetivo al cual atiende, su clasificación respecto a la Tabla de Especificaciones, entre otras.<br><br>c) El Manual debe indicar cuáles son las características de las personas especialistas de contenido o de la competencia a evaluar. |

| 4.2 Tipos de ítem | Prioridad: Alta | Comentarios |
| --- | --- | --- |
| 1. Los ítems deberán diseñarse de acuerdo con las normativas dadas en el Manual de Diseño de ítems. Deben atenderse las especificaciones acordes con el tipo de ítem así como también vigilar que no se presenten sesgos, cuando el ítem sea respondido por ciertos grupos de personas debidos a defectos de tendencia en la redacción.<br><br>2. En el diseño de los ítems se debe cuidar el vocabulario y el estilo, para que la redacción sea simple y directa, con el lenguaje técnico acorde con el nivel y el perfil del Proyecto.<br><br>3. La complejidad del ítem debe ser acorde con las especificaciones de la prueba. La dificultad del ítem sólo debe estar asociada con el rasgo que se está evaluando y no con una competencia de comprensión verbal si es que ésta no forma parte del constructo explorado en el Proyecto.<br><br>4. El Proyecto debe poder mostrar en cualquier momento un conjunto de ítems de ejemplo procedentes del Banco, como evidencia de la capacidad disponible para el diseño de pruebas.<br><br>5. Si se exploran nuevas formas de ítems, deben estar acompañadas de los estudios pertinentes que demuestren su aplicabilidad como instrumento de me- | a) Los tipos de ítems admitidos en la norma del Proyecto deben estar contenidos en el Manual, proporcionando ejemplos para que los diseñadores cuenten con una base mínima indispensable de trabajo.<br><br>b) Las especificaciones para diseño de ítems se encuentran en los textos clásicos sobre evaluación.<br><br>c) Además del contenido y de la validez del ítem, debe cuidarse que la redacción y el vocabulario sean acordes con el nivel de los sustentantes. Se trata de evitar que los ítems tengan un grado de dificultad no atribuible a las especificaciones sino a un constructo distinto asociado con la comprensión verbal.<br><br>d) El estándar permite que se haga la exploración de nuevos ítems, siempre y cuando se apoyen los diseños con estudios que muestren el funcionamiento psicométrico de los ítems y cómo se relacionan con la validez y la consistencia interna de la prueba. |

| *4.3 Validación de los ítems* | *Prioridad: Alta* | *Comentarios* |
| --- | --- | --- |
| 1. Debe disponerse de una normatividad para los procesos de análisis de la calidad de los ítems, incluyendo revisión, modificación y aceptación de los ítems, en forma cualitativa y cuantitativa, especialmente su concordancia con el dominio y nivel indicado en las tablas de especificaciones.<br><br>2. Los indicadores de revisión deben estar claramente descritos en el Manual y el proceso de revisión debe realizarse por especialistas diferentes a los diseñadores. | a) El estándar se enfoca al proceso de validación por especialistas, a partir de la información cualitativa y cuantitativa del ítem.<br><br>b) La revisión debe mostrar que el ítem corresponde con la información solicitada en la Tabla de Especificaciones, así como con las prácticas actuales de la profesión, del enfoque y contenido académicos, etc. | |

| 4.4 Piloteo de ítems o de pruebas | Prioridad: Alta | Comentarios |
| --- | --- | --- |
| 1. Debe describirse el procedimiento de piloteo y la modalidad elegida por muestreo o poblacional, en condiciones reales o ficticias. Este piloteo puede aplicarse a ítems o a pruebas, dependiendo del modelo de Banco que se adopte en el Proyecto.<br><br>2. Se debe indicar el tamaño de muestra necesario para poder emitir recomendaciones respecto de los ítems, así como las características representativas de la población.<br><br>3. El piloteo en una aplicación real puede efectuarse incluyendo ítems experimentales, pero no se deben incluir como parte del diseño de la prueba para la calificación de los sustentantes. | | a) Los ítems deben ser piloteados y sus valores de calibración reportados para dictaminarse posteriormente.<br><br>b) En el caso de contar con un Banco de Pruebas, se acepta el piloteo del instrumento integrado, para poder disponer de la calibración del ítem y de la calibración del propio instrumento.<br><br>c) Es aceptable el modelo de piloteo tomando una muestra de sustentantes en una condición ficticia, a la que se someten de manera voluntaria o como preparación para la aplicación definitiva posterior.<br><br>d) Es aceptable el modelo de piloteo tomando una muestra de sustentantes o toda la población, en una condición de aplicación real, cuando se incluye como porción experimental, que no atiende necesariamente a la Tabla de Especificaciones. En este caso la porción experimental no debe formar parte del diseño de la prueba y por ello no se debe tomar en cuenta en la calificación de los sustentantes. |

| *4.5 Calibración de los ítems* | *Prioridad: Alta* | *Comentarios* |
|---|---|---|
| 1. Las revisiones cuantitativas por calibración de los ítems en piloteo y en aplicaciones reales deben corresponder con un modelo elegido para el Proyecto, junto con los parámetros de aceptación, con teoría clásica o con modelos logísticos y debe considerarse en qué condiciones corresponden los datos con el modelo elegido.<br><br>2. Se debe indicar el procedimiento para aceptar, revisar o rechazar los ítems a partir de los datos de la calibración, tanto en forma global como por cada opción o respuesta parcial, dependiendo del tipo de ítem.<br><br>3. Los ítems también deben revisarse con análisis estadísticos que den cuenta de su funcionamiento diferencial o sesgos. Cuando se realice la calibración de los ítems con una muestra de sustentantes, se deberá indicar el error de diseño. | | a) El estándar especifica la necesidad de calibrar los ítems en varias líneas, tanto desde el punto de vista de la teoría clásica de los tests (TCT) como de los modelos logísticos (Teoría de la Respuesta al Ítem y análisis de Rasch).<br><br>b) También se señala la necesidad de realizar estudios de funcionamiento diferencial que pudiera atribuirse a un sesgo respecto a grupos de población (por sexo, grupos étnicos, etc.).<br><br>c) Se indica que la calibración debe efectuarse en todo momento, tanto en prueba piloto como en aplicaciones reales. Con estas calibraciones se debe retroalimentar el Banco de Ítems.<br><br>d) La calibración de los ítems no solamente se enfoca al análisis del funcionamiento global del ítem (por ejemplo: grado de dificultad y poder de discriminación en teoría clásica; medida y ajuste en el modelo de Rasch, parámetros y ajuste en la TRI), sino también a la operatividad de las opciones (en el caso de los ítems de opción múltiple) o de las respuestas parciales (en el caso del modelo de crédito parcial por ejemplo).<br><br>e) El ajuste de los datos al modelo, en contraposición con el ajuste del modelo a los datos, es un aspecto medular en el análisis de calidad de los ítems. Debe verificarse que se cumplen las hipótesis involucradas en el modelo, para ser aceptables las conclusiones emitidas para el Proyecto. |

| *4.6 Descripción del banco* | *Prioridad: Media* | *Comentarios* |
|---|---|---|

1. El Proyecto debe contar con un Banco de Ítems suficientemente numeroso para que la prueba (en sus versiones o formas) pueda diseñarse en su totalidad, del cual deben reportarse los inventarios correspondientes.

2. Los ítems del Banco deben satisfacer los valores de aceptación en la calibración y ser aprobados en las diversas revisiones que se efectúen.

3. En el caso de que se organice el Proyecto con un Banco de Pruebas, se deberá reportar su inventario y describir sus características técnicas y la forma de empleo para la generación de versiones o formas, así como las combinaciones de pruebas prediseñadas por muestreo o por asignación directa en modelos de bloques.

a) El esquema administrativo más generalizado es el del Banco de Ítems, pero el estándar acepta la opción de trabajar con un modelo de Banco de Pruebas, que puede emplearse de manera flexible o rígida, para diseños de bloques o módulos y también en pruebas adaptativas, cuestionarios de opinión, escalas de observación e inventarios de actitudes.

b) Para que se considere que un Banco de Ítems cuenta con un número suficiente de ítems se debe reportar el factor de diseño con el que se cuenta (el factor de diseño es la relación ítems del banco a ítem de la prueba) y los inventarios de ítems de acuerdo con las especificaciones.

c) El estándar pide reportar los inventarios de ítems y de pruebas, lo cual implica presentar el número de ítems de cada elemento (o celda) de la Tabla de Especificaciones, su clasificación temática y por complejidad, los rangos de dificultades y otros parámetros de calibración. De este modo se contará con evidencias no solo de la existencia operativa del Banco, sino también de su integridad.

| *4.7 Políticas de uso* | *Prioridad: Baja* | *Comentarios* |
|---|---|---|
| 1. Se debe contar con políticas de empleo del Banco de Ítems o del Banco de Pruebas, en función de la estabilidad de la calibración, de la vigencia de su contenido, de las restricciones de almacenamiento o de la rotación en pruebas aplicadas sucesivamente y en función de su funcionamiento diferencial.<br><br>2. La calibración de los ítems debe actualizarse después de cada piloteo o aplicación y dar de baja temporal o definitiva los ítems cuyo funcionamiento sea insatisfactorio.<br><br>3. Las pruebas procedentes de un Banco de Pruebas deben redefinirse en caso de que algunos ítems queden fuera de los valores de aceptación. | a) El estándar indica que se deben revisar, modificar o desechar los ítems cuyo funcionamiento deje de ser estable, que presenten obsolescencia dentro del estado del arte o del conocimiento que se está midiendo con ellos, o cuando presenten funcionamiento diferencial (sesgo) significativo en detrimento de un grupo de personas.<br><br>b) En este caso se pide documentar las políticas para conservar o desechar un ítem, de manera de poder mostrar la integridad del Banco en todo momento. | |

| 4.8 Difusión y muestra | Prioridad: Baja | Comentarios |
| --- | --- | --- |

1. Se debe publicar una muestra del tipo de ítems en una Guía para los sustentantes, representativos de los que se van a utilizar en la prueba real.

2. Si la seguridad del Proyecto exige que los ítems reales no sean publicados, se deberá presentar un ítem ficticio, pero similar a lo que se va a incluir en la prueba, o bien pueden ser parte del Banco del Proyecto, pero que no se emplearon en las pruebas por consideraciones técnicas o de seguridad.

3. La cantidad de ítems a incluir en la Guía para los sustentantes debe justificarse en términos de su representatividad de cada campo o dominio, así como de los grados de dificultad que pudieran presentarse en una prueba real.

4. Cuando se decida distribuir las pruebas de manera abierta a los sustentantes y a la sociedad, se deberá garantizar la representatividad de los ítems de las siguientes Guías en función de la prueba y no en función de los ítems distribuidos previamente.

a) Se sugiere el uso de guías de preparación para los sustentantes, donde se incluyan ejemplos de ítems entre otros elementos de información. Con estas guías los sustentantes podrán enfrentarse mejor a la prueba sin que se tenga una deficiencia en la respuesta correcta debido al desconocimiento de la forma de la prueba y de los tipos de ítems.

b) Los ítems no necesitan ser los mismos que se presentan en pruebas reales, pero sí del mismo tipo, por ejemplo, si en la prueba se emplean ítems de opción múltiple, en la Guía deberá haber ítems de este tipo.

c) El número de ítems de la Guía deberá ser representativo de lo que aparecerá en la prueba, en caso contrario deberá indicarse el número real de ítems que habrá en la aplicación real.

d) En algunos casos se está permitiendo la difusión íntegra de los ítems de la prueba, con lo cual se pierde la seguridad de la integridad del Banco de Ítems, por ello se debe garantizar que los ítems no serán empleados posteriormente, pero que los que aparezcan en la guía sean igualmente representativos de las futuras aplicaciones.

# 5

# Confiabilidad relativa a la prueba

Debe describirse el proceso que se sigue en el Proyecto para garantizar la confiabilidad de la prueba y los resultados obtenidos. En pruebas de criterio se debe describir el análisis de confiabilidad del dictamen que se hace sobre los sustentantes.

| 5.1 Confiabilidad y error de medida | Prioridad: Alta | Comentarios |
| --- | --- | --- |

1. Se debe determinar la confiabilidad y el error estándar de medida de cada instrumento del Proyecto y sus partes.

2. En el Manual Técnico debe describirse el modelo de confiabilidad y las consideraciones sobre la precisión del instrumento en función de los propósitos del Proyecto, tanto en pruebas referidas a normas como en pruebas criteriales, en cuestionarios de opinión, escalas de observación o inventarios de actitudes.

a) El estándar no limita el tipo de modelo de confiabilidad empleado en el Proyecto, pudiendo ser producto de la Teoría Clásica de los Tests, de la Teoría de la Respuesta al Ítem, Modelo de Rasch, Teoría de la Generalizabilidad o inclusive modelos estadísticos establecidos por el Responsable del Proyecto.

b) Se pide reportar la confiabilidad y los errores estándar de medida de la prueba en su conjunto y de las áreas o partes que la forman, así como de sus combinaciones, para que pueda determinarse si la prueba brinda resultados suficientemente precisos para los fines del Proyecto.

c) Es práctica común el uso las fórmulas de consistencia interna (por ejemplo, Kuder-Richarson, Hoyt, Cronbach, etc.) como medida de la confiabilidad del instrumento referida a norma y sus modificaciones para instrumentos referidos a criterio (p.ej. Livingston), así como variantes referidas a la Separación en modelos logísticos. En todos estos casos debe indicarse el modelo elegido y la forma propuesta de interpretación en la prueba específica del Proyecto.

| *5.2 Tamaño de variables* | *Prioridad: Alta* | *Comentarios* |
| --- | --- | --- |

1. Debe justificarse la longitud de las variables (número de ítems) en relación con la confiabilidad y el error estándar de medida, independientemente de todas las consideraciones de validez de diseño, las especificaciones dadas por el Consejo General o los especialistas del Proyecto o alguna otra consideración experimental o teórica.

2. Si a partir de una prueba dada se diseña una forma corta con un número menor de ítems, se debe aportar evidencia del impacto en la confiabilidad de los estimados con respecto a la prueba inicial.

a) Se entiende por tamaño o longitud de las variables, al número de ítems que las forman.

b) El tamaño de una variable se define a partir de las tablas de especificaciones del Proyecto, por consideraciones de los especialistas, pero el estándar pide justificar dicho tamaño también por medio de resultados cuantitativos a partir del error estándar de medida.

c) El estudio de calidad de la forma corta debe justificar no solamente en términos de tiempo de aplicación, sino también en cuanto a la escala, la confiabilidad y el error de medida. Debe mostrarse que la forma corta es equivalente en estos aspectos a la prueba original de la cual se derivó.

| *5.3 Depuración de ítems* | *Prioridad: Alta* | *Comentarios* |
|---|---|---|
| 1. Se debe describir el proceso que se sigue para la depuración y eliminación de reactivos al analizar el instrumento. Debe indicarse el efecto que esta práctica tiene en la confiabilidad y en el error de medida de la prueba.<br><br>2. Debe justificarse el modelo para diseñar formas cortas de un instrumento y su relación con la forma completa o estándar de la prueba original. | a) Cuando los ítems se revisan en el proceso de calibración, puede determinarse que algunos deben ser eliminados de la calificación de la prueba. En este caso la reducción en el número de ítems puede afectar al modelo que describe la Tabla de Especificaciones o incidir en detrimento de la confiabilidad o incrementar el error estándar de medida, por lo que debe indicarse la forma en que el Proyecto toma esto en cuenta.<br><br>b) Esta información servirá como preámbulo del cálculo de la confiabilidad de dictamen en el caso de pruebas referidas a criterio.<br><br>c) El diseño de formas cortas de una prueba involucra consideraciones similares a la eliminación de ítems, aunque generalmente sea por necesidades de tiempo, logísticas, de costo o administrativas. En este caso debe especificarse la manera de construir las formas cortas a partir del diseño original y su correlación con dicho diseño, la confiabilidad de la forma corta y el error estándar de medida en que se incide con esta práctica. | |

| *5.4 Muestra para confiabilidad* | *Prioridad: Media* | *Comentarios* |
|---|---|---|
| Se debe detallar el procedimiento utilizado para definir la muestra de sujetos para la estimación de la confiabilidad y el error estándar de medida, de conformidad con las poblaciones a las que se dirija el Proyecto. | | a) El estándar pide que se establezcan las características de la población o de la muestra de sujetos para el cálculo de la confiabilidad y del error estándar de medida.<br><br>b) Con esta descripción se puede dictaminar el ámbito de aplicación de la prueba o de los resultados por parte de los usuarios. |

| 5.5 *Confiabilidad de dictamen* | *Prioridad: Alta* | *Comentarios* |
|---|---|---|
| 1. En Proyectos con pruebas referidas a criterio, especialmente las que implican un dictamen trascendente para los sustentantes, se debe indicar el método para garantizar la calidad del dictamen en cada caso y el modelo de confiabilidad de las decisiones en los puntos de corte, la forma en que se reflejan las combinaciones de puntajes de varios instrumentos y la evidencia de que la prueba distingue claramente entre los grupos separados por los puntos de corte.<br><br>2. Cuando el dictamen se efectúe por medio de jueceo, debe mostrarse la concordancia y estabilidad de los dictámenes de distintos jueces; si no es factible esta demostración, se deberá indicar a los usuarios del Proyecto.<br><br>3. Se deben proporcionar evidencias de la estabilidad de la estimación de sujetos clasificados en una misma forma en dos aplicaciones sucesivas o por medio de criterios alternos. | a) Las pruebas referidas a criterio empleadas en situaciones trascendentes (ingreso a una Institución, egreso de una carrera profesional, clasificación laboral por competencias, diagnóstico clínico, etc.) implican dentro del diseño del criterio el establecimiento de los puntos de corte. El modelo para establecer el punto de corte es solicitado por el estándar 7.3, en este estándar se pide garantizar la calidad del dictamen, por medio de medidas de confiabilidad criterial.<br><br>b) Los modelos de confiabilidad del criterio de dictamen, quedan abiertos por parte del estándar, pudiendo incluirse modelos de consistencia interna (por ejemplo con el modelo de Livingston), pruebas de hipótesis en tablas de contingencias o coeficientes de correlación, curvas ROC, etc.<br><br>c) Otros métodos admisibles consisten en medidas de contraste de las decisiones en aplicaciones sobre poblaciones paralelas, uso de formas alternas, etc.<br><br>d) El análisis de concordancia y estabilidad de los dictámenes de los jueces puede hacerse por medio de correlaciones, coeficiente Kappa, análisis de facetas con modelo de Rasch, análisis de componentes de varianza, etc. |

| *5.5 Confiabilidad de dictamen* | *Prioridad: Alta* | *Comentarios* |
|---|---|---|
| | | e) Los modelos de dictamen por medio de jueces o especialistas que califican a los sustentantes (por ejemplo: entrevista, observación, etc.), exigen una garantía de la equivalencia de criterios de los jueces. Debe describirse el modelo de confiabilidad o de correlación en las clasificaciones que hacen los jueces. |

| 5.6 *Resultados de confiabilidad* | Prioridad: Alta | Comentarios |
|---|---|---|
| 1. Deberán reportarse los valores de confiabilidad y de error estándar de medida obtenidos para el Proyecto, junto con los datos de cálculo necesarios, tanto a nivel global de la prueba o por cada una de sus partes, así como para cada tipo de población o muestra.<br><br>2. En el caso de análisis en formas alternas aplicadas en diversos momentos, debe indicarse el tiempo y la metodología del estudio realizado, siendo preferibles estos estudios a los de consistencia interna, siempre que sea posible.<br><br>3. En pruebas administradas por computadora, especialmente las de tipo adaptativo, debe reportarse el error estándar de medida con aplicaciones repetidas de un mismo instrumento.<br><br>4. Si se realizaron análisis con datos ajustados en caso de tenerse restricciones de rango o atenuaciones, deberán reportarse los datos ajustados junto con los datos originales para su comparación. | a) El estándar pide evidencias de la confiabilidad y del error estándar de medida, en adición a las descripciones de los modelos empleados.<br><br>b) Puede construirse una tabla para el global de la prueba y sus partes, conteniendo, por lo menos: número de ítems de cada parte, media y desviación estándar de respuestas de los sujetos, coeficientes de confiabilidad y error de diseño. Conviene reportar los valores teóricos de referencia para comparar los datos observados.<br><br>c) Es de importancia reportar los resultados obtenidos con cada población o muestra, para que los usuarios consideren la aplicación de la prueba a sus fines particulares. |

| *5.7 Análisis de sesgo (1)* | *Prioridad: Media* | *Comentarios* |
| --- | --- | --- |
| 1. El Proyecto debe contar con un modelo clásico o logístico para estudios de sesgo y realizar oportunamente los análisis necesarios para estimar los sesgos que pudieran existir por causa de la prueba o justificar cuando no se presenten.<br><br>2. El Proyecto también debe recabar evidencias respecto del funcionamiento diferencial de los ítems. | | a) En este caso se pide que la prueba muestre que no induce sesgos entre grupos de población (sexo, etnicidad, etc.) o, en caso contrario, se pide que se conozcan los efectos nocivos que estos sesgos pueden producir, con objeto de emprender las acciones necesarias para corregirlos.<br><br>b) El estándar pide que se describa el modelo empleado en el Proyecto para este tipo de estudios.<br><br>c) El análisis de sesgos debe incluir estudios sobre funcionamiento diferencial de los ítems, empleando modelos estadísticos clásicos, o modelos logísticos, pero se pide detallar la influencia que este funcionamiento puede tener en los resultados de los sujetos, en detrimento de algún grupo poblacional.<br><br>d) d) Este estándar pide la descripción del modelo, los resultados se piden en el estándar [5.8]. |

| 5.8 Análisis de sesgo (2) | Prioridad: Media | Comentarios |
| --- | --- | --- |
| 1. Se deben presentar los resultados de análisis de sesgo global de la prueba, por variable o área evaluada y por ítem.<br><br>2. Los resultados deben permitir la identificación de las zonas significativas o de rechazo y dejar clara la tendencia de las diferencias poblacionales. | | a) Generalmente los resultados se presentan en forma gráfica o en tablas, por ello el estándar pide que se identifique de algún modo cuando las diferencias son significativas, con ello la interpretación queda clara para cualquier persona o institución (no necesariamente especialista) que requiera juzgar los resultados. |

# Construcción de las pruebas

Debe describirse el proceso que se sigue para la construcción de pruebas, la forma de elegir los ítems para preparar la muestra a explorar de cada variable o para la selección extensiva de ítems de acuerdo con un criterio externo no muestral sino exhaustivo, incluyendo diseños por bloques incompletos o técnicas no estocásticas. Las pruebas construidas no solamente deben satisfacer las necesidades definidas por el perfil y especificaciones, sino también garantizar que las versiones preparadas son equivalentes y que los valores resultantes de la calibración son cercanos a los valores de diseño.

| 6.1 *Generación de pruebas* | *Prioridad: Alta* | *Comentarios* |
|---|---|---|
| 1. Debe describirse la metodología de diseño de la prueba a partir de los ítems del Banco, calibrados o experimentales.<br><br>2. El uso de ítems de anclaje en forma individual o como parte de sub-pruebas de anclaje es admisible, debiendo detallarse el procedimiento de uso de las anclas, la proporción de ítems de ancla dentro de la prueba, etc. | | a) Las pruebas deben diseñarse por un procedimiento sistemático que utilice los ítems, calibrados o no, disponibles en el Banco de ítems.<br><br>b) La distribución de ítems debe definirse como parte de las características de la prueba, siendo preferible la distribución uniforme de las dificultades de los ítems de la prueba en global o en cada una de las partes.<br><br>c) El estándar deja libre el modelo y el proceso de diseño de pruebas, por ejemplo por selección directa de ítems, por muestreo aleatorio, por bloques incompletos, etc. En cualquiera de estos casos debe detallarse la metodología en el Manual Técnico. |

| *6.2 Versiones o formas* | *Prioridad: Alta* | *Comentarios* |
|---|---|---|
| 1. Debe detallarse el procedimiento seguido por el Proyecto para el diseño de la versión o de las versiones suficientes para todas las aplicaciones de la prueba, a partir del Banco de ítems calibrados o experimentales, siguiendo la misma Tabla de Especificaciones.<br><br>2. Todas las versiones deben ser equivalentes, incluyendo las sub-pruebas de anclaje y las formas cortas generadas a partir de una prueba dada. | | a) El Proyecto puede requerir el diseño de una o varias versiones de una prue-ba. Las versiones son instrumentos que cuentan con los conjuntos de ítems que satisfacen la Tabla de Especificaciones, con una misma métrica y propiedades psicométricas similares.<br><br>b) La nomenclatura no es aceptada por todas las fuentes, pero se puede distinguir "versión" de "forma". En general las "versiones" incluyen ítems distintos pero con base en la misma Tabla de Especificaciones, a diferencia de las "formas" que utilizan los mismos ítems en un arreglo diferente. |

| 6.3 Vigencia de las versiones | Prioridad: Baja | Comentarios |
| --- | --- | --- |
| Deberán describirse las políticas que establece el Proyecto para asignar la vigencia de las versiones de la prueba, en particular:<br><br>a) por uso a lo largo del año en una cierta institución.<br><br>b) por cambios de la Tabla de Especificaciones o nuevas consideraciones del perfil de referencia.<br><br>c) por cuestiones de seguridad, por haberse realizado la difusión del instrumento o por tenerse la presunción de alguna situación fraudulenta. | | a) El estándar no fija restricciones a las políticas de vigencia de una prueba. Todas ellas deberán ser justificadas por las recomendaciones del Consejo General o por conveniencia administrativa o de seguridad, entre otras razones.<br><br>b) La vigencia de las versiones es una información complementaria a la vigencia del Proyecto, solicitada en el estándar [2.1]. |

| *6.4 Equivalencia entre versiones* | *Prioridad: Alta* | *Comentarios* |
|---|---|---|
| 1. Se debe presentar la metodología para garantizar que las versiones son equivalentes y los procedimientos para realizar los ajustes necesarios cuando las versiones no sean equivalentes.<br><br>2. Deben reportarse los estudios de equivalencia que se realicen sobre la prueba. | a) Las versiones diseñadas de acuerdo con el estándar [6.2], deben ser equivalentes desde su diseño.<br><br>b) Se pide explicar el método que utiliza el Responsable del Proyecto para diseñar versiones equivalentes o para ajustar dichas versiones cuando se detecte que las versiones aplicadas no resultaron equivalentes, lo cual produciría resultados inconvenientes para los sustentantes.<br><br>c) Todos los estudios que proporcionen una evidencia de la equivalencia entre versiones dan lugar a resultados que requieren ser reportados en el Manual Técnico, en notas técnicas o en anexos. | |

| 6.5 *Valores de diseño* | *Prioridad: Alta* | *Comentarios* |
|---|---|---|
| Se deben reportar en el Manual Técnico los valores de diseño de la prueba (estadísticos, analíticos, psicométricos, edumétricos o clínicos), para información hacia los usuarios potenciales, como evidencia de las propiedades del instrumento. | El estándar implica reportar los siguientes valores básicos (procedentes de modelo clásico o logístico):<br><br>a) Distribución de las dificultades de los ítems y rango de dificultades.<br><br>b) Curva característica de la prueba y escala equivalente.<br><br>c) Dificultad media de la prueba.<br><br>d) Distribución de las discriminaciones de los ítems y correlación de los ítems con el instrumento o con la variable de la cual forman parte.<br><br>e) Otros valores de referencia para poder juzgar las propiedades psicométricas de la prueba (ajuste a modelo logístico, error estándar, etc.) | |

# Calificación e interpretación de resultados

Se deben describir los procesos de calificación, dictamen y forma de interpretar los resultados. En particular la asignación de calificaciones de cada sustentante puede ser hecha desde el conteo simple de aciertos, la proporción de aciertos en ítems depurados por la calibración, la asignación de medida por medio de un modelo logístico o la equivalencia de acuerdo con puntajes procedentes de modelos más complejos, incluyendo modelos criteriales. De la existencia de una escala específica depende la calidad de la interpretación por parte de los sustentantes, los responsables de la prueba, las autoridades y usuarios de los resultados, incluyendo a la sociedad en general. Es común emplear escalas tradicionales de 0 a 10, de 1 a 4, etc; pero también es usual emplear escalas normalizadas de 20 a 80, de 200 a 800, etc. Estas asignaciones pueden hacerse tanto en pruebas referidas a norma como en pruebas referidas a criterio, bajo condiciones diferentes para cada caso, pero que requieren ser aclaradas de antemano. La interpretación de resultados sin un modelo previo es una práctica que debe evitarse, especialmente en pruebas referidas a criterio, porque esa práctica produce vicios al dictaminar, convirtiendo la emisión de resultados en un proceso por norma, atendiendo a las necesidades administrativas o socio-políticas de los evaluadores.

En los casos en que se combinen resultados procedentes de instrumentos de evaluación diferentes o producto de procesos no estandarizados con resultados de pruebas estandarizadas, deberá indicarse el ámbito de aplicación, así como las condiciones en las cuales se efectúa dicha combinación.

| *7.1 Calificación* | *Prioridad: Alta* | *Comentarios* |
|---|---|---|
| 1. Se debe describir la metodología en que se realiza el proceso para asignar la calificación de los sustentantes, por ítem y por cada una de las variables que componen la prueba.<br><br>2. Debe especificarse cómo se depura el instrumento, las consideraciones para eliminar ítems, ajustar la escala por normalización o por equivalencia de puntajes con relación a distribuciones poblacionales o teóricas, bien sea con datos procedentes de los aciertos brutos o a partir de modelos logísticos.<br><br>3. Debe indicarse la forma de combinar sub-pruebas en la asignación de un puntaje global y la forma de asignar pesos si es el caso.<br><br>4. El Manual Técnico debe indicar la forma de presentar los resultados brutos y ajustados en caso de hacer procesos de ajuste por restricción de rangos o atenuación.<br><br>5. Cuando se califique la prueba por medio de jueces o se haga una pre-calificación por medio de codificadores, debe proporcionarse evidencia de la concordancia y estabilidad de tales calificaciones o codificaciones. | a) El estándar pide que se documente el proceso de calificación, en particular cuando se hacen procesos más allá del conteo de aciertos brutos de los sustentantes.<br><br>b) La calificación del ítem debe disponer de una guía de calificación o rúbrica, especialmente en las pruebas referidas a criterio y cuando se manejen esquemas de crédito parcial.<br><br>c) Deben describirse todos los procesos estadísticos involucrados en el proceso de calificación, especialmente para definir si se requieren igualaciones o normalizaciones de los resultados, transformaciones a escalas logísticas, etc.<br><br>d) No se sugiere el uso de pesos diferenciados por cada ítem, pero si se emplean en una prueba, deberá justificarse la forma de hacer la combinación, con razones que expliquen cómo se mejora la validez de las interpretaciones que se pueden hacer con la prueba.<br><br>e) Se necesita contar con evidencias de la calidad de las calificaciones realizadas por jueces y por codificadores, a partir de análisis de componentes de varianza, uso de coeficiente Kappa, análisis de facetas con el modelo de Rasch, etc. Por lo menos deberá proporcionarse un informe comparativo entre los diversos jueces o codificadores y un inventario |

| 7.1 *Calificación* | *Prioridad: Alta* | *Comentarios* |
|---|---|---|
| 6. Si se usan partes experimentales que no intervienen en la calificación global ni en el dictamen respecto al dominio de los sustentantes, se deberá señalar a los usuarios dentro del Manual Técnico. | | de los errores detectados y su forma de corregirlos. |

| *7.2 Escala de puntajes* | *Prioridad: Alta* | *Comentarios* |
|---|---|---|
| I. El Proyecto debe disponer de información respecto a la escala utilizada para presentar los resultados de los sustentantes y a la forma de interpretación de dichos resultados.<br><br>2. La descripción debe contener la forma de obtener los puntajes de la escala a partir de los datos brutos originales.<br><br>3. Deben realizarse estudios que muestren la estabilidad de la escala a lo largo del tiempo. | a) La escala con la que se reportan los resultados debe ser difundida y estar accesible a todos los interesados en el Proyecto, junto con la lógica a la cual responde y la forma en que se asignan los puntajes dentro de la escala y lo que significan.<br><br>b) Las escalas pueden ser construidas a partir de modelos a priori o a posteriori, para uso en evaluación referida a norma o referida a criterio. Pueden estar referidas a puntuaciones estandarizadas $Z$, procedentes de la linearización procedente de la Teoría de la Respuesta al ítem o del modelo de Rasch. | |

| 7.3 *Puntos de corte* | *Prioridad: Media* | *Comentarios* |
|---|---|---|

**I.** En pruebas referidas a criterio, el Proyecto debe documentar el procedimiento para la asignación de los puntos de corte, para facilitar la interpretación correcta de los valores reportados en la escala y el dictamen que se aplique a cada sustentante, especialmente en los métodos de anclaje de pruebas de competencias o en las de dictamen clínico.

**2.** Debe indicarse cómo interviene el error estándar en la asignación del dictamen de los sustentantes, con relación a los puntos de corte.

**3.** Se deberá advertir acerca de los posibles problemas de asignación incorrecta de personas en algunas categorías, si se hacen conclusiones directamente de resultados estadísticos procedentes de la población empleada para el diseño de la prueba.

**a)** El estándar deja abierta la metodología para la asignación de los puntos de corte (criterios académicos, métodos de compromiso, curva de operación ROC, contraste entre distribuciones, etc.), pero pide que se documente su definición y empleo.

**b)** Pueden establecerse puntos de corte a priori o a posteriori, por jueceo directo o ponderado, por consideraciones académicas o político-administrativas o por métodos de compromiso.

**c)** Cuando los puntos de corte estén asociados con el anclaje de los niveles de dominio (especialmente en pruebas de competencias) o de cualidad (en pruebas de ámbito clínico o de tratamiento), el estándar solicita que se documente la forma de asignarlos y la interpretación correspondiente a cada nivel.

**d)** La asignación de un punto de corte se ve afectada por la presencia del error estándar de medida, la decisión en estos casos debe indicar la forma en que se toma dicho error. Conviene tomar en cuenta la relación entre este estándar y el estándar [5.5], que trata de la confiabilidad del dictamen.

| *7.4 Calificación por norma* | *Prioridad: Media* | *Comentarios* |
| --- | --- | --- |
| I. Se debe especificar el procedimiento de calificación en pruebas referidas a norma, incluyendo los parámetros descriptivos de la población o de la muestra.<br><br>2. En los datos normalizados se debe citar la fecha de referencia y su vigencia, en caso de requerirse una actualización en períodos preestablecidos o por cambios en las especificaciones del Proyecto.<br><br>3. Debe quedar explícita la forma de interpretar las diferencias entre grupos (deciles, cuartiles, etc.) y las comparaciones entre ellos, con la opción de modificar las normas en función de condiciones locales. | | a) En las pruebas referidas a norma o a la población, la asignación de las calificaciones puede realizarse usando diversos modelos, de acuerdo con la teoría clásica o con modelos logísticos.<br><br>b) El estándar permite la presentación de puntajes normalizados, expresados en una escala (solicitada en el estándar [7.2]) o en puntaje bruto, siempre y cuando se especifique el procedimiento y su racionalidad.<br><br>c) Cuando se empleen datos de referencia en los puntajes normalizados (generalmente la media y la desviación estándar), debe quedar claro en qué condiciones obtuvieron esos datos o, por lo menos, la fecha de su determinación, con lo cual el usuario puede establecer la vigencia de las decisiones que pudieran llegar a tomarse con los resultados.<br><br>d) El estándar indica que se pueden ajustar algunas decisiones normativas en función de las condiciones locales de aplicación a poblaciones particulares, si es que tienen características diferentes a la población con la cual se diseñó la prueba. |

| *7.5 Calificación por criterio* | *Prioridad: Media* | *Comentarios* |
|---|---|---|
| En las pruebas con referencia a criterio, debe documentarse la forma de incluir los criterios establecidos por el Consejo General y su relación con los puntos de corte, la forma de retroalimentación a los usuarios y las implicaciones académico-administrativas que se tengan con las decisiones tomadas a partir de los datos procedentes de la prueba. | a) En las pruebas referidas a criterio, las puntuaciones están en relación con una escala y con los puntos de corte, en este caso el procedimiento debe estar en concordancia con los modelos pedidos en los estándares [5.5] y [7.3]. | |

| *7.6 Combinación de instrumentos* | *Prioridad: Baja* | *Comentarios* |
|---|---|---|
| En caso de que el Proyecto considere el uso de varios instrumentos para evaluar el perfil de referencia, se debe justificar por métodos a priori o a posteriori la manera en que se combinan los resultados en la calificación global y la forma de interpretación. | | a) La combinación de instrumentos por medio de ponderaciones o pesos, normalizado, etc., conduce a una calificación global de los sustentantes. Estas combinaciones generalmente son complicadas y deben ser explicadas las operaciones necesarias para llegar a la puntuación global, misma que requiere de una interpretación racional, junto con el dictamen que emane de dicha calificación.<br><br>b) El estándar no limita la asignación de resultados a formas absolutas o relativas de los instrumentos parciales, siempre y cuando se explique la manera de obtener los resultados.<br><br>c) Igualmente pueden considerarse instrumentos externos a las pruebas diseñadas en el Proyecto pero que son exigidos por el Consejo General o por los usuarios (por ejemplo calificaciones procedentes de un ciclo escolar previo a la aplicación de la prueba, resultados de pruebas clínicas adicionales), en este caso no es responsabilidad del Proyecto la racionalidad de las calificaciones de dichos instrumentos externos, pero sí en cambio la justificación para la combinación de calificaciones.<br><br>d) El Proyecto debe advertir a los usuarios de cualquier uso indebido de los resultados combinados y debe justificar las implicaciones de estas combinaciones con estudios especialmente diseñados. |

8

# Materiales de la prueba

Se pide la descripción de los materiales de apoyo para la prueba: guías, hojas de llenado, hojas de registro o datos socioeconómicos, certificados o constancias, etc. La información que se proporcione de manera preliminar a la aplicación de una prueba puede incidir en forma positiva o negativa en la forma de responder de los sustentantes, por ejemplo, el desconocimiento de la forma de llenado de los formularios puede producir resultados bajos en poblaciones no capacitadas en dicho llenado, aunque sean aptas respecto a las variables que se están evaluando. En estos casos, la prueba estaría midiendo constructos ajenos al propósito original conduciendo a inferencias equivocadas respecto al dominio que tiene la población en un rasgo dado.

| 8.1 Materiales de apoyo | Prioridad: Media | Comentarios |
| --- | --- | --- |

El Proyecto debe contar con materiales de apoyo, debidamente preparados, que complementen la información previa o posterior que selectivamente reciben los usuarios, incluyendo:

1. Guías de orientaciones, donde se presente la información que permita a todos los sustentantes estar preparados para la prueba, en cuanto a sus objetivos, tipos de ítems, forma de responder y hoja de respuestas, forma de calificar y de entrega de resultados; también debe sugerir al sustentante cómo debe prepararse física y mentalmente para el día de la aplicación, qué materiales tiene permitido llevar consigo. Si llegara a haber estrategias de solución para los ítems de la prueba que pudieran beneficiarlo o perjudicarlo, se deberá indicar a todos los sustentantes.

2. Informes de resultados, conteniendo una descripción de la prueba y su fundamentación, junto con gráficas y tablas de resultados con la interpretación que se considere pertinente para que las autoridades y la sociedad puedan juzgar las implicaciones que se tienen con la prueba para los fines que se consideren pertinentes.

a) Los materiales requeridos por un Proyecto no solamente son las pruebas o cuestionarios y los formularios de respuesta, sino también un conjunto de materiales de difusión que permitan a los sustentantes y usuarios estar informados de los aspectos medulares de la prueba, con miras a una mejor preparación para su aplicación y uso.

b) Las guías deben ir dirigidas a cada público, en el lenguaje apropiado para los fines que persigan. Por ejemplo, la guía de orientaciones para los sustentantes podría ser redactada en lenguaje sencillo, con recomendaciones en segunda persona del singular; en cambio el documento informativo a la sociedad debería ser un texto más formal, apropiado para ser utilizado por autoridades y la sociedad en general.

c) En el caso de las guías de orientaciones para los sustentantes se deberá sugerir al estudiante por medio de ejemplos o de instrucciones concretas, la forma en que debe prepararse para la prueba, en cuanto a alimentación, medicamentos, agua o algún otro producto que necesite llevar el día de la aplicación. Del mismo modo, se debe indicar si está permitido llevar calculadora, diccionario, libros de apoyo, etc. El Responsable del Proyecto deberá considerar toda la información que pudiera ser relevante para la prepa-

| *8.1 Materiales de apoyo* | *Prioridad: Media* | *Comentarios* |
| --- | --- | --- |

3. Manual o guía de calificación e interpretación de los reportes, para apoyar a los usuarios a comprender el propósito de los reportes en la escala definida para el Proyecto y la forma de utilizar los resultados con fines de retroalimentación o de promoción. El proceso de calificación debe detallarse, hasta con ejemplos, para que la persona o instituciones usuarias puedan comprender el fundamento general del cálculo.

4. Hojas de respuesta, diseñadas para que el sustentante se enfoque a resolver la prueba y no pierda tiempo ni concentración en el llenado de los formularios de respuesta.

5. Interfaces de computadora (pantallas de acceso, tutoriales, etc.), que deben diseñarse de manera sencilla para que personas no versadas en su uso puedan utilizar la herramienta, contando con opciones de entrenamiento cuando sea requerido por los sustentantes, en particular por aquellos que tengan alguna discapacidad especial. Esta opción debe ajustarse en el caso de pruebas que van a evaluar competencias en el manejo de la computadora.

ración previa al día de la aplicación. Las guías deben incluir muestras de ítems y ejemplos de las instrucciones con las cuales deberá darse respuesta a la prueba en la aplicación real.

d) Las personas e instituciones usuarias pueden hacer un mal uso de los reportes de resultados si no cuentan con información completa y pertinente, por ello los documentos deben ser de difusión general.

e) Los informes de resultados pueden enfocarse a presentar estadísticas descriptivas, tendencias, resultados por segmentos poblacionales, etc. También se sugiere incluir la escala del Proyecto y su funcionamiento respecto de los ítems de la prueba, la lista de constructos y las recomendaciones que emiten los especialistas o el Consejo General.

f) El manual de calificación e interpretación de reportes puede ser un documento independiente o formar parte de los reportes mismos, lo que se pretende es que los diferentes usuarios puedan interpretar los resultados para su uso directo. De preferencia el reporte debe contener recomendaciones precisas para el grupo al cual se enfoca o se quiere llegar, inclusive, al nivel individual de cada sustentante, para que pueda identificar sus fortalezas y sus deficiencias dentro del perfil que se está evaluando.

| *8.1 Materiales de apoyo* | *Prioridad: Media* | *Comentarios* |
| --- | --- | --- |

6. Documento de la prueba. Se debe diseñar el documento de la prueba para que no complique a los usuarios su proceso de respuesta, en particular se debe cuidar el tamaño y el formato físico del documento, tipo de letra legible, colores y presentación acorde con las características de los sustentantes.

g) No se pretende que con la guía de calificación cualquier persona pueda realizar los cálculos para asignar las puntuaciones, ya que puede requerirse de un modelo estadístico y de contar con las bases de datos de toda la prueba y de las respuestas de los estudiantes, pero sí se solicita en el estándar que se explique la fundamentación del proceso de calificación, para darle validez y credibilidad al procedimiento.

h) Las herramientas para pruebas aplicadas en computadora pueden incluir desde pantallas de fácil acceso y manejo, hasta aplicaciones multimedia. El ambiente puede ser desde una estación de trabajo independiente, hasta una red local o un ambiente de navegador de internet. En todos los casos la interfaz con el usuario debe ser sencilla de tal modo que la resolución de la prueba no dependa de una experiencia previa del sustentante en el manejo de herramientas de cómputo. La interfaz debe incluir un tutorial o programa de entrenamiento para que cualquier sustentante pueda prepararse para esta tarea.

i) Las interfaces de computadora para personas con capacidades especiales (débiles visuales, invidentes, personas sin extremidades superiores, etc.), deben considerar módulos de aplicación específicos e indicar los usos para los cuales fueron diseñadas.

| *8.2 Seguridad y confidencialidad* | *Prioridad: Media* | *Comentarios* |
|---|---|---|

1. El Proyecto debe documentar todos los procedimientos que se establezcan para controlar la seguridad y la confidencialidad de los procesos de desarrollo, impresión, resguardo, traslado, destrucción y control de los materiales relativos con la prueba.

2. En caso que el Proyecto así lo amerite, deben proporcionarse medidas de seguridad en todo el proceso de aplicación, incluyendo la contratación de compañías de resguardo de valores, cajas de seguridad, personal de vigilancia y supervisores.

3. Se deberán especificar las rutas de distribución de la prueba, para controlar el uso no repetido de un instrumento en una misma localidad.

4. Deben considerarse los procedimientos para comprobar la identidad de los sustentantes; en el caso de pruebas por computadora en ambiente de internet a distancia, se deberá contar con algún esquema de protección de la confidencialidad de los materiales y que la aplicación se realice en forma equitativa para todos los sustentantes.

a) Los aspectos de seguridad, logística, control de materiales y cualquier otro aspecto relativo a garantizar las condiciones de la aplicación, pueden ser diferentes en cada proyecto, pero debe establecerse todo el conjunto de medidas para que los usuarios del Proyecto tengan plena confianza de que el Proyecto se realiza con seguridad y que los datos de las personas son resguardados con total confidencialidad.

b) Dependiendo de la importancia e impacto del Proyecto, se deben emplear todas las medidas que se tengan al alcance para que las pruebas estén debidamente resguardadas y que se distribuyan bajo supervisión profesional.

c) Debe asegurarse el Responsable del Proyecto, que una prueba no se aplique a los mismos sustentantes, o que se aplique habiendo fuga de información, lo cual afectaría al proceso y a la calidad de los resultados.

d) En el caso de un Proyecto desarrollado por un docente para su clase, este punto se refiere a los resguardos internos que haga el docente para evitar fuga de información o divulgación de materiales y datos procedentes de la prueba, que pudieran ser empleados de manera indebida.

| 8.2 Seguridad y confidencialidad | Prioridad: Media | Comentarios |
|---|---|---|
| | | e) Las aplicaciones en ambiente de internet tienen particularidades asociadas con la seguridad, particularmente con la identificación de los sustentantes y la posible intervención de otra persona en forma directa o como asesor del sustentante, al no haber un medio de verificación.<br><br>Ejemplo de Proyecto: En algunas instituciones se cuenta con un código de honor, con el cual el sustentante promete no hacer un uso indebido de la prueba y de contestarla en forma individual. En otras instituciones se utilizan sitios de aplicación a distancia controlados por un prefecto quien se encarga de verificar la identidad de las personas y de que no haya elementos extraños a los aceptados por el protocolo. |

# Proceso de aplicación y logística

La eficiencia de la logística es un aspecto medular para el buen funcionamiento del Proyecto de evaluación, ya que de ello depende que la prueba pueda realizarse de acuerdo con la normatividad institucional o nacional. Se pide describir los procesos previos, posteriores y relacionados con la aplicación, el proceso de calificación y entrega de resultados.

| *9.1 Registro e inscripción* | *Prioridad: Media* | *Comentarios* |
|---|---|---|
| 1. El Proyecto debe proporcionar toda la información y reglas para garantizar que la participación de los sustentantes se efectúa en tiempo y forma, que todos los sustentantes recibieron la documentación necesaria para la inscripción o asistencia en las fechas y lugares destinados a la aplicación y que llevan consigo los materiales autorizados por el Proyecto.<br><br>2. Cuando sea factible contar con un proceso de registro, especialmente en pruebas de impacto nacional o de uso abierto para una Institución, se deberán recoger los datos socioeconómicos de los sustentantes y de otros factores asociados pertinentes para reforzar la fundamentación de la prueba y permitir la realización de trabajos de investigación y análisis diversos relativos a la incidencia de la prueba en la promoción de los sustentantes, sesgos, clima organizacional, diagnóstico clínico, etc.<br><br>3. El Proyecto que contemple la posibilidad de que se tengan varias oportunidades para sustentar la prueba, deberá contar con indicaciones pertinentes para el proceso de inscripción y un registro de las veces que se ha inscrito cada persona y el historial o situación en la que se encuentra respecto del Proyecto. | a) Es muy conveniente que el Proyecto disponga de una base de datos organizada a partir de las variables socioeconómicas que pueden incidir en los resultados de los sustentantes y para que se puedan plantear estudios de sesgo y diversos análisis que apoyen a la validez y confiabilidad del Proyecto.<br><br>b) Es claro que los procesos de registro e inscripción son independientes del proceso de aplicación de la prueba, por ello se deberá garantizar que el tiempo de llenado de los cuestionarios socioeconómicos o de registro, no se considere como parte del tiempo necesario para que los sustentantes respondan a la prueba.<br><br>c) El conjunto de variables socioeconómicas puede incluir datos académicos y otros factores asociados con el Proyecto, especialmente si con estos datos se pueden hacer estudios que permitan identificar los factores que inciden en mayor o menor medida en los dictámenes que se hagan con la prueba.<br><br>d) En el caso de un Proyecto desarrollado por un docente para su clase, se debe garantizar el cumplimiento de la normatividad establecida por el docente y la Institución, permitiendo que todos los estudiantes que tengan derecho a sustentar la prueba, puedan hacerlo. |

| *9.1 Registro e inscripción* | *Prioridad: Media* | *Comentarios* |
|---|---|---|
| | | e) Los materiales autorizados para uso de los sustentantes deben estar definidos desde un principio y dados a conocer a todos. En esta fase debe cuidarse que todos los sustentantes cuenten con los mismos materiales, para evitar situaciones de inequidad durante el desarrollo de la prueba. |

| 9.2 Instalaciones | Prioridad: Baja | Comentarios |
| --- | --- | --- |
| 1. El Proyecto debe contar con las instalaciones e infraestructura necesarias para la aplicación de la prueba, en condiciones razonables de comodidad para los sustentantes y en las mejores condiciones ambientales y con el mínimo de distracciones.<br><br>2. En caso de aplicaciones por computadora, los equipos deben estar debidamente probados e instalados, con pantallas de tamaño suficiente para que la interfaz sea legible; los escritorios deben proporcionar comodidad y estar distribuidos en distancias razonables entre los sustentantes.<br><br>3. En aplicaciones de campo, encuestas fuera de locales, entrevistas en instalaciones hospitalarias, etc. se deberá indicar la forma en que se deberá realizar la toma de datos y la aplicación de la prueba, proporcionando alguna ubicación física o materiales auxiliares, en caso necesario. | | a) Las condiciones de aplicación son fundamentales para un buen resultado por parte de los sustentantes, por ello el Proyecto debe disponer de locales (propios o de alquiler), en los cuales se realice la prueba.<br><br>b) El estándar no obliga que la aplicación se realice en salones de clase o en auditorios especialmente construidos para tal finalidad, sino que se tengan las condiciones aceptables de la infraestructura para que se brinde comodidad y tranquilidad al sustentante, durante el desarrollo de la prueba.<br><br>c) Los locales de aplicación pueden ser tanto para pruebas de lápiz y papel como para pruebas que se van a aplicar en computadora.<br><br>d) En el caso de un Proyecto desarrollado por un docente para su clase, basta con indicar que se trata de un salón de clase e indicar sus características.<br><br>e) En todos los casos debe evitarse que se presenten situaciones ambientales que afecten al proceso de aplicación dentro del local, incluyendo ruidos, temperaturas extremas, defectos de ventilación, mobiliario inconveniente o sobrecupo de sustentantes en el local, etc. |

| *9.3 Protocolos de aplicación* | *Prioridad: Media* | *Comentarios* |
| --- | --- | --- |

1. El Proyecto debe contar con protocolos de aplicación, de distribución y logística de los materiales, control y resguardo, para cada uno de los instrumentos diferentes que integren la prueba.

2. El protocolo de aplicación debe indicar claramente el detalle del proceso que debe realizar el aplicador, para la ubicación de los estudiantes en los salones, la distribución de las pruebas y otros materiales, el tiempo de aplicación, forma de recoger las pruebas al término del tiempo, etc.

3. En el caso de requerirse adecuaciones o adaptaciones para las personas con necesidades especiales, debe contarse con un protocolo específico que garantice la equidad para todos los sustentantes.

4. En todos los casos se debe especificar la manera en que se selecciona y capacita al personal auxiliar que intervendrá como aplicador o como supervisor durante el desarrollo de la prueba, además de describir los materiales empleados para esta actividad.

5. Las pruebas administradas por computadora deben contar con el protocolo de aplicación debidamente controlado por el programa

a) El protocolo es el instrumento que detalla la forma en que se debe organizar el proceso de aplicación, organización de los responsables de dicha aplicación, la forma en que se hace la logística de distribución y recogida de los materiales, etc. En el protocolo se deben incluir las instrucciones que el aplicador debe proporcionar a los sustentantes, el tiempo y la forma de aplicar la prueba, los materiales permitidos para uso de los sustentantes, etc.

b) El estándar pide contar con un protocolo por cada instrumento diferente que se utilice en la prueba.

c) Las adecuaciones o adaptaciones que requieran los sustentantes con necesidades especiales pueden ir desde la producción en Braille, la impresión en letra más grande y con un formato especialmente diseñado para los débiles visuales, hasta interfaces por computadora o el auxilio de una persona para la lectura de la prueba o el llenado de los ítems. El procedimiento para estas adecuaciones debe mostrar cómo se garantiza que la aplicación en estas condiciones mantiene la equidad con relación a todos los sustentantes.

d) La capacitación de los aplicadores es una preocupación del estándar y por ello deberá incluirse el procedimiento para brindarles entrenamiento y se debe dar un detalle de los materiales

| *9.3 Protocolos de aplicación* | *Prioridad: Alta* | *Comentarios* |
|---|---|---|
| informático, pero debe ser del conocimiento del aplicador o responsable del sitio de aplicación, para que pueda intervenir y resolver problemas en caso de contingencias.<br><br>6. Cuando el tiempo de aplicación de la prueba sea una variable relevante para la validez de la prueba y la precisión del instrumento, se deberá contar con evidencias que justifiquen la forma en que se definió dicho tiempo. | | que se utilizan para brindar esa capacitación.<br><br>e) El tiempo de aplicación, especialmente en pruebas de velocidad, debe ser asignado siguiendo criterios razonables combinados con los resultados de las aplicaciones en forma piloto. Se debe proporcionar toda la evidencia que explique a los usuarios la forma de elegir el tiempo y las otras condiciones de aplicación. |

| *9.4 Codificación y lectura* | *Prioridad: Alta* | *Comentarios* |
|---|---|---|

1. El Proyecto debe considerar las modalidades de procesar las respuestas de los estudiantes para su calificación posterior, estableciendo esquemas de validación o verificación por réplicas de lotes de cuestionarios, muestreo y verificación, dobles lecturas ópticas, calibración de los aparatos de lectura, etc.

2. Se debe proporcionar un registro o inventario de errores detectados en el proceso y la forma de solucionarlos.

3. Se debe contar con un protocolo de codificación en las pruebas en las que se requiera la intervención de codificadores o jueces que califican las respuestas de los sustentantes, antes de pasar al proceso automatizado de calificación general. Para el uso del protocolo se debe ofrecer capacitación y definir esquemas de unificación de los criterios.

a) Cuando la captura de respuestas se hace en forma manual, se debe prever el proceso de validación por lotes o muestreo.

b) Cuando se realice la lectura de hojas ópticas, se debe contar con el procedimiento que garantice la precisión de las lecturas, la identificación correcta de los casos de dobles marcas o manchas de diversos tipos sobre el papel y que no se adjudiquen como respuestas erróneas del sustentante. En este caso se debe contar con procedimientos de calibración de los aparatos de lectura y muestreos de validación por lotes.

c) Para las pruebas hechas en computadora, se debe verificar la integridad de los archivos que se generen directamente con las respuestas del sustentante.

d) En las pruebas donde se requiera de una codificación por parte de personal especializado, se debe contar con un esquema de validación por medio de supervisores o el mismo personal en forma cruzada, además de lo que se pudo homogeneizar en los criterios durante el proceso de entrenamiento a los codificadores o jueces.

e) Más allá que pedir que no haya errores, el estándar reconoce que puede haber divergencias en la captura de los datos, por ello solicita que en todos los casos haya un registro de los errores detectados y la forma en que se solucionaron.

| *9.5 Excepciones y actos fraudulentos* | *Prioridad: Baja* | *Comentarios* |
| --- | --- | --- |
| 1. El Proyecto debe considerar los procedimientos preventivos y las medidas correctivas o administrativas para evitar actos fraudulentos en el desarrollo de la prueba o en momentos posteriores.<br><br>2. Los aplicadores, además de estar capacitados, deben ser totalmente imparciales y tener los elementos suficientes para atender situaciones de excepción o imprevistas, sin dañar los derechos de los sustentantes.<br><br>3. Se debe considerar en el reglamento de la prueba la forma de atender los casos extraordinarios o especiales para la aplicación y desarrollo de la prueba. | a) Los actos fraudulentos que pudieran ocurrir, pueden llegar a afectar la validez de las respuestas para estimar los niveles de conocimientos o de competencias de los sujetos, además de que pueden alterar la confiabilidad del Proyecto.<br><br>b) Se deben considerar medidas de prevención y correctivas para cualquier práctica que conduzca a actos fraudulentos y definir las acciones administrativas que deben aplicarse en cada caso: desde suspender a un sustentante o transferirlo a otra sala de aplicación, hasta la suspensión de varios o todos los sustentantes en una sede. Estas medidas deben ser definidas y aprobadas por el Consejo General.<br><br>c) En todas las acciones que se emprendan se deben cuidar los derechos de los sustentantes ante sospechas infundadas o por decisiones administrativas que puedan dañarlos. La documentación conteniendo las condiciones reglamentarias es de importancia para reforzar las decisiones que se tomen en el Proyecto respecto de uno o varios sustentantes, los aplicadores u otro personal administrativo, ante una situación fraudulenta. | |

| 9.6 Revisiones | Prioridad: Baja | Comentarios |
|---|---|---|
| 1. Los sustentantes deben tener derecho de solicitar una revisión de la asignación de su calificación, especialmente en las pruebas con referencia a criterio empleadas para promoción o admisión u otorgamiento de licencias profesionales.<br><br>2. Se debe contar con un protocolo de revisión, sobre todo cuando no pueda entregarse la clave de respuestas correctas ni regresarse el instrumento mismo para uso del sustentante.<br><br>3. Cuando se considere pertinente en el Proyecto, podrán entregarse resultados en número de aciertos bruto a los sustentantes que lo soliciten y los valores de referencia considerados como aceptables para el dictamen. | | a) El esquema de revisión queda bajo la responsabilidad del Consejo General del Proyecto y se sugiere en todos los casos, pero con énfasis en aquellas pruebas donde puede haber implicaciones con el futuro académico, clínico o laboral del sustentante.<br><br>b) En muchas pruebas no se divulgan los instrumentos ni mucho menos las claves de respuestas correctas, porque equivale a abrir la prueba al público y perder parte de la seguridad o de la integridad del Banco de ítems. En este caso se debe prever algún procedimiento que satisfaga la solicitud del sustentante sin revelar las respuestas correctas. |

*10*

# Presentación de resultados y su utilización

La presentación de los resultados es fundamental para el buen éxito del Proyecto. De primordial importancia son los reportes conteniendo los resultados individuales y el dictamen que se hace de ellos respecto de los conocimientos, habilidades, competencias o situación clínica explorados en el Proyecto; estos reportes deben ser emitidos una vez que la prueba fue analizada y los ítems calibrados, con objeto de proporcionar los resultados con la mayor confiabilidad posible. Estos reportes, junto con otros informes que permitan retroalimentar al sustentante o a las instituciones usuarias, deben ser entregados oportunamente para que puedan aprovecharse en la mejora del rendimiento o desempeño de los sustentantes.

Se pide describir la forma de emplear los resultados por el sustentante, las autoridades, el público en general, etc., para lo cual el Proyecto debe emitir reportes distintos, dosificando el contenido y la cantidad de información de acuerdo con el público al cual se dirigen. Además de los reportes de resultados, entre los cuales se deben encontrar las estadísticas descriptivas de las respuestas globales o por cada área de la prueba, el Proyecto puede producir informes especiales de análisis relacionados con los dictámenes realizados, estudios de factores asociados, etc.

Atendiendo a la diversidad de reportes, es deseable que el Proyecto cuente con un área de investigación o de estudios especiales, pero cuando esta opción no sea factible por cuestiones de presupuesto o de infraestructura, se deberá propiciar que otras personas puedan aprovechar los datos para realizar estudios con propósitos de investigación, que permitan que se avance en el estado del conocimiento involucrado en el Proyecto. Dentro de esta óptica, los datos deben contar con datos relativos a su vigencia, para evitar utilizar datos obsoletos o fuera de contexto, que pudieran producir conclusiones incorrectas o inconvenientes para los fines del Proyecto.

| *10.1 Reportes y uso* | *Prioridad: Alta* | *Comentarios* |
|---|---|---|
| 1. Junto con los resultados de los sustentantes, el Proyecto debe incluir los elementos de interpretación necesarios para el buen uso de los datos, los criterios y puntos de corte empleados, las recomendaciones y cualquier otra información pertinente para el usuario.<br><br>2. Los reportes pueden entregarse en una sola ocasión o contar con un programa de entregas parciales. También se deberá definir la frecuencia de entrega para los materiales complementarios, estudios, correcciones por errores, etc. | a) Se pide hacer un recuento de los reportes que se producen en el Proyecto, junto con las interpretaciones que deben hacerse por parte de los usuarios.<br><br>b) Debe indicarse si se trata de reportes individuales, grupales o por región; si son reportes por sector de la población, etc. En cada caso se debe mencionar la interpretación que debe hacer cada individuo, las autoridades de la institución o del país, etc. | |

| 10.2 *Análisis de resultados* | *Prioridad: Baja* | *Comentarios* |
|---|---|---|
| 1. Debe aclararse el ámbito de aplicación de los resultados y de los análisis que se han hecho (o que pueden ser realizados) a partir de los datos disponibles, así como el origen de las respuestas con las cuales se hicieron dichos análisis (respuesta cerrada, codificación de ítems de respuesta abierta, etc.).<br><br>2. Deben indicarse los casos en que es posible obtener ordenamientos, realizar comparaciones o tomar decisiones respecto de personas, instituciones o regiones, como parte de los análisis realizados, así como aclarar cuando este tipo de ordenamientos no sean recomendados por parte del Proyecto. | a) Todos los análisis que se realicen combinando los resultados de la prueba y los datos socioeconómicos de los sustentantes, deben ser presentados con las reservas del caso, explicando a los usuarios potenciales la metodología de cálculo o la aplicación que debe hacerse de ellos.<br><br>b) Deberá advertirse de usos incorrectos o para los cuales no están previstos los resultados de los análisis.<br><br>c) Deberá indicarse si los tipos de análisis y de conclusiones son intercambiables o no, de acuerdo con el tipo de ítems (de respuesta abierta, de respuesta cerrada, etc.) | |

| *10.3 Tiempo de entrega (1)* | *Prioridad: Alta* | *Comentarios* |
| --- | --- | --- |
| Se debe contar con los análisis de ítems y de calidad de la prueba para poder juzgar la pertinencia de las calificaciones otorgadas a los sustentantes, previamente a la entrega de resultados. | a) Para la entrega de resultados se pide que se realicen todos los análisis de calibración de los ítems y de la calidad de la prueba, porque de ellos se desprenden recomendaciones de retroalimentación a los diseñadores de la prueba para eliminar ítems de la calificación, agrupar variables o modificarlas dentro de los perfiles, definir o ajustar los puntos de corte, realizar el proceso de normalizado o de igualación entre poblaciones, etc.<br><br>b) Este análisis debe hacerse en forma oportuna para pasar después a la entrega de resultados de los sustentantes. |

| 10.4 *Tiempo de entrega (2)* | *Prioridad: Alta* | *Comentarios* |
|---|---|---|
| 1. El Proyecto debe entregar los resultados en un plazo razonable, de acuerdo con las necesidades de los usuarios y las características y propósitos del mismo Proyecto.<br><br>2. Los resultados deben ser entregados una vez que se haya cumplido con el estándar [10.3] y se tenga evidencia de la calidad de la prueba y de las decisiones que se tomen con ella. | a) Una vez satisfecho el estándar [10.3], se podrá proceder a la calificación definitiva de los estudiantes y la entrega de resultados individuales o grupales.<br><br>b) En muchos casos de la práctica, es común entregar primero los resultados a los estudiantes y posteriormente realizar los análisis de los ítems y de la calidad de la prueba. Esto es debido generalmente a exigencias administrativas de información hacia los usuarios y a dejar para un momento posterior la realización de los análisis sin presiones administrativas. El estándar considera esta práctica como inconveniente y establece explícitamente el orden en el cual debe hacerse esta tarea. | |

| 10.5 *Usuarios de la prueba* | *Prioridad: Baja* | *Comentarios* |
| --- | --- | --- |

1. El Proyecto debe establecer quiénes son los usuarios del Proyecto, a nivel individual, por grupos, por instituciones o nacionales.

2. En todos los casos se debe contar con una normatividad que especifique qué reporte debe llegar a cada usuario y cómo hacer compatibles las decisiones entre reportes individuales y grupales, especialmente en pruebas donde se tiene un dictamen del cual depende el futuro académico, profesional o clínico de los sustentantes.

3. El Manual Técnico deberá incluir una sección o anexo donde se establezcan todos los aspectos legales del Proyecto con relación a la prueba, la forma de aplicación, los derechos de los sustentantes, etc.

a) Este estándar pide aclarar quienes son los usuarios de cada uno de los reportes de la prueba: individuos, instituciones, autoridades, etc., tanto para los resultados como para los estudios y análisis que se hayan producido.

b) Si bien se sabe que los reportes se publican, la normatividad respecto a dicha publicación debe ser definida, para evitar que un reporte dirigido a cierto público caiga en manos de otro destinatario, pudiendo incidir en una falla de confidencialidad y seguridad de la información.

c) El estándar no define los aspectos legales, pero sí indica que se deben incluir dentro del Manual Técnico; la extensión y propósito deberán ser definidos al momento de diseñar el instrumento.

| *10.6 Publicación de resultados* | *Prioridad: Baja* | *Comentarios* |
|---|---|---|
| 1. El Proyecto debe especificar la forma y los medios por los que se van a publicar los resultados para difusión a la sociedad, con objeto de promover su empleo para la mejora del sistema educativo o profesional, así como para incidir en las políticas institucionales o nacionales.<br><br>2. Toda publicación de resultados debe satisfacer el estándar de confidencialidad, en especial en el caso de reportes individuales, a menos que se cuente con la autorización de los sustentantes o disposiciones legales al respecto.<br><br>3. Los datos publicados deben evitar el uso de clasificaciones ofensivas o inconvenientes para los sustentantes.<br><br>4. Se deben publicar reportes adecuados al público al cual se destine la información, con interpretaciones de los puntajes, su uso, correcciones a las interpretaciones erróneas que hagan algunos usuarios, etc. | | a) El estándar [10.1] indica el contenido del reporte, el estándar [10.5] especifica a quién va dirigido el reporte y en este estándar se pide indicar la forma en la que se hace la entrega a los usuarios, incluyendo los diversos medios informativos, pudiendo ser un documento impreso en computadora, un folleto o tríptico informativo, un desplegado en la prensa o un programa de televisión, por ejemplo.<br><br>b) Se debe procurar que la publicación se dirija a los usuarios pertinentes y que en ningún caso se viole la confidencialidad de los sustentantes ni se les clasifique con palabras que pudieran llegar a ofender a ciertas personas o grupos, por ello se recomienda que las sugerencias o comentarios que se emitan con la prueba sean siempre en sentido positivo, para evitar frases peyorativas o interpretaciones inconvenientes. |

| *10.7 Vigencia* | *Prioridad: Baja* | *Comentarios* |
|---|---|---|
| El Proyecto y las instituciones o autoridades usuarias de la prueba que requieran almacenar los resultados individuales o grupales, deben establecer las políticas bajo las cuales se hará la custodia y también la vigencia de las decisiones o dictámenes realizados con la prueba, especialmente en aquellos casos en que los sustentantes deban ser certificados o dictaminados con cierta periodicidad. | | a) Debe indicarse la vigencia de los resultados brutos, así como de los procedentes de los análisis.<br><br>b) También debe cuidarse que los usuarios conozcan el tiempo que deben conservar los datos para estudios futuros y registros históricos de los sustentantes o de los grupos o instituciones involucrados en el Proyecto.<br><br>c) Cuando la prueba sirva para certificar alguna competencia o situación clínica, se debe especificar la validez de la certificación, de modo que los sustentantes deberán volver a ser certificados una vez pasado el plazo de vigencia. |

| 10.8 *Área de investigación* | *Prioridad: Baja* | *Comentarios* |
|---|---|---|
| El Proyecto debe promover el uso de los resultados por parte de investigadores o especialistas debidamente acreditados para esta finalidad y también contar con un área de investigación propia que propicie la publicación de trabajos que beneficien al estado del arte o del conocimiento en el campo de acción del Proyecto. | | a) Con los datos procedentes del Proyecto se pueden realizar estudios y tomar decisiones de mejora del proceso involucrado en la evaluación, estos estudios pueden ser efectuados por personal del propio Proyecto o investigadores externos acreditados.<br><br>b) Cuando el Proyecto no cuente con un área de estudios, pero haya investigadores externos interesados, entonces se podrá proporcionar la base de datos del Proyecto, para lo cual se debe establecer un procedimiento con el cual se entregan los datos y que indique el grado de confidencialidad y restricciones que deben tener los investigadores para publicar los resultados de sus análisis. |

| *10.9 Resultados estadísticos* | *Prioridad: Alta* | *Comentarios* |
|---|---|---|
| Los resultados estadísticos descriptivos (global y por secciones) procedentes de los resultados de la prueba, deben incluirse en el Manual Técnico del Proyecto, independientemente de cualquier otra publicación específica que se genere. | a) El estándar establece que deben publicarse siempre las estadísticas descriptivas de los resultados de la prueba, por lo menos: media, mediana, moda, varianza, desviación estándar, sesgo y curtosis.<br><br>b) Se observa en el estándar que los resultados no solamente deben ser a nivel global, sino también por cada una de las partes o secciones del instrumento. |

| *10.10 Capacitación a usuarios* | *Prioridad: Media* | *Comentarios* |
| --- | --- | --- |
| El Proyecto debe promover la capacitación de los usuarios, autoridades, representantes institucionales, para los diversos aspectos del Proyecto pero con énfasis en el uso e interpretación de los resultados, a través de cualquier modalidad pertinente de formación o actualización profesional. | | a) Para reforzar el uso de los resultados, el Proyecto deberá capacitar directa o indirectamente a los usuarios, a través de seminarios, impresión de folletos y boletines de información a las autoridades y a la sociedad en general, reuniones con representantes de las instituciones, etc. |

# 11

## Promoción y contratación

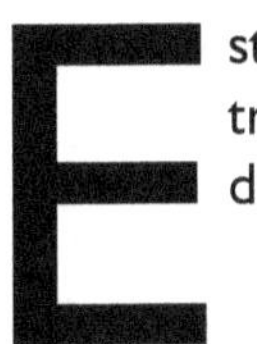

Este apartado debe llenarse sólo cuando el instrumento es ofrecido en forma abierta para uso de otras instituciones o instancias.

| 11.1 Promoción | Prioridad: Baja | Comentarios |
|---|---|---|
| 1. El Proyecto debe especificar la forma en la que se promueve la prueba y se propicia su uso correcto, así como la forma de contratación por las personas o instituciones interesadas.<br><br>2. Los materiales de difusión deben indicar expresamente los atributos de la prueba, sus objetivos, alcances y ámbito de aplicación, evitando que los interesados hagan interpretaciones falaces respecto de aplicaciones o usos para los cuales la prueba no fue diseñada. | | a) El estándar prescribe que la publicidad que se haga de la prueba, no incluya elementos que promuevan aspectos o usos para los cuales la prueba no ha sido diseñada.<br><br>b) De una interpretación incorrecta al momento de elegir la prueba por parte de una persona o Institución, se puede conducir a un empleo indebido o inaceptable de la prueba y el dictamen que se haga sobre los sustentantes. |

| *11.2 Capacitación en uso* | *Prioridad: Baja* | *Comentarios* |
|---|---|---|
| Debe describirse la forma en que el Proyecto realiza la capacitación de los usuarios tanto para los aspectos logísticos relativos a la aplicación, como a los puntos de interpretación y manejo de los resultados. | | El estándar señala que el uso de una prueba puede involucrar un proceso de capacitación para el usuario en diversos momentos de la aplicación de la prueba. En este caso, la forma de capacitación debe estar definida de antemano y establecida de conformidad con el usuario. |

| *11.3 Forma de contratación* | *Prioridad: Baja* | *Comentarios* |
| --- | --- | --- |
| 1. El Proyecto debe establecer el esquema de contratación en el caso de que la prueba se ofrezca en forma abierta al público o a las instituciones interesadas. En la contratación se debe especificar el conjunto de elementos o recursos necesarios para que el usuario emplee la prueba y sus resultados en forma conveniente para los fines para los cuales fue diseñada, así como la capacitación requerida para el usuario y su personal en su caso.<br><br>2. En el contrato se debe asegurar que los usuarios no emplearán la prueba para justificar decisiones impropias para los fines de la prueba o como respaldo para acciones que pudieran afectar a terceros. | | a) La prueba debe ser contratada por las instituciones o personas usuarias sólo de acuerdo con el uso para el cual fue diseñada, cualquier uso indebido puede implicar una responsabilidad no prevista para el Proyecto.<br><br>b) Deben incluirse cláusulas relativas a: empleo, capacitación, confidencialidad, transferencia tecnológica, pago de licencia o de franquicia, así como las implicaciones de responsabilidad civil o penal que se consideren necesarias para garantizar la aplicación correcta de la prueba. |

# Segunda parte

# Paquete de autoevaluación para pruebas objetivas

# *Presentación*

El propósito fundamental de una prueba estandarizada es medir algunos rasgos o características que por alguna razón se consideran pertinentes. La prueba es un instrumento de medición en el que generalmente intervienen numerosas instancias para su elaboración y administración. En el proceso de desarrollo, aplicación, calificación y reportes de la prueba se deben seguir normas y procedimientos que aseguren que la medición que se pretende se lleva a cabo con la validez, objetividad y precisión esperadas. Sin embargo, debido al desconocimiento de las normas básicas para la elaboración de instrumentos de medición o a que se confía en el sentido común o en la buena fe, durante el proceso de elaboración de la prueba no siempre se siguen todos los procedimientos que aseguren que el instrumento mide lo que debe medir y que lo haga con la calidad debida.

Este cuestionario de autoevaluación está dirigido a responsables de la elaboración y administración de pruebas estandarizadas y tiene como propósito el ser un auxiliar para revisar los aspectos más importantes de la elaboración y puesta en marcha de una prueba, de acuerdo con los Estándares de Calidad para Pruebas Objetivas.

# *Instrucciones*

1. El Paquete de Autoevaluación está integrado por (1) el Cuestionario de Autoevaluación, (2) la Lista de Aplicación y (3) la Guía de Calificación. El Cuestionario de Autoevaluación contiene todos los conceptos asociados con los Estándares de Calidad para Pruebas Objetivas, mientras que la Lista de Aplicación presenta una guía que permite distinguir cuáles estándares son obligatorios o de prioridad alta para un cierto ámbito de aplicación de una prueba, desde pruebas informales o de clase hasta pruebas estandarizadas de gran  impacto nacional. La Guía de Calificación permite estimar el grado de cumplimiento que tiene una prueba en comparación con los estándares y ayuda a definir un programa de mejora a corto, mediano y largo plazos.

2. El Cuestionario de Autoevaluación puede ser respondido por iniciativa propia de una agencia evaluadora, una institución educativa o un docente, o también puede ser respondido a solicitud de un evaluador externo, quien se encarga de dictaminar de manera objetiva la calidad de la prueba. Se requiere por lo menos de un Responsable del llenado del cuestionario y de un Aval, que es la persona que certifica la veracidad de lo que se está reportando. Por ello, como antecedente de todo el proceso se pide que quienes intervengan en las descripciones y quienes sean responsables del proceso general registren sus nombres, cargos y firmas en los espacios destinados para ello.

3. Para realizar el llenado del Cuestionario de Autoevaluación se debe contar con el documento impreso y con un archivo electrónico para uso en computadora. El documento impreso es únicamente como referencia; por lo tanto, el cuestionario deberá ser respondido en el archivo electrónico lo que permite que las descripciones de cada aspecto puedan ser tan extensas como sea necesario. Una vez que el cuestionario ha sido llenado deberá ser impreso y entregado al evaluador externo debidamente firmado, o conservado en los archivos del responsable de la autoevaluación para uso posterior y como referencia de la seriedad del proceso realizado.

4. El cuestionario está dividido en once secciones y cada una incluye varios aspectos a revisar. Cada sección debe ser firmada por el Responsable y por el Aval.

5.  En total hay 67 aspectos o elementos de evaluación contenidos en este Cuestionario de Autoevaluación, de los que se pide una respuesta, pero no todos son obligatorios o de uso general. Cada elemento de evaluación está descrito brevemente bajo la columna "Concepto" y sólo es necesario responder los conceptos que el evaluador externo indique, de acuerdo con la Lista de Aplicación.

6.  Los estándares de evaluación se jerarquizan de acuerdo con una escala de prioridades: 1=Alta, 2=Media, 3=Baja. Una prueba no podría realizarse con calidad si no satisface  los aspectos de prioridad Alta, que se consideran como obligatorios. La prioridad Baja indica elementos deseables pero que no ponen en riesgo el proceso de evaluación.

7.  Cada aspecto del Cuestionario de Autoevaluación debe ser respondido con una descripción de lo que se pide, tan profusamente como sea necesario para dar una idea clara de la manera como se lleva a cabo la actividad en cuestión.

8.  En los casos en que no se tenga información disponible, ni documentos o resultados con relación a alguno de los aspectos solicitados, deberá indicarse "NO DISPONIBLE" y por lo tanto no habrá anexos asociados con el elemento de evaluación. En ningún caso se pide entregar materiales o información que no se tengan disponibles;  no deben prepararse nuevos materiales ni inventar procedimientos ni resultados sólo para tener completo el Cuestionario de Autoevaluación.

9.  Debe indicarse cuando alguno de los elementos es realizado en forma esporádica o no continua. También se debe indicar cuando se hayan realizado sólo en forma experimental los trabajos solicitados en alguno de los aspectos, especialmente cuando no forme parte de la operación cotidiana de la prueba.

10. Los anexos que se presenten como evidencia deberán ser numerados y hacer referencia a ellos tantas veces como sea necesario a lo largo del cuestionario. Si el espacio para el desarrollo contiene toda la información disponible no se requiere presentar un anexo.

11. El formato incluye una carátula-índice con todas las secciones y elementos de evaluación que contiene el Cuestionario de Autoevaluación. Dependiendo del tipo de prueba y de su ámbito de aplicación, el evaluador externo (o el mismo Responsable con ayuda de la Lista de Aplicación)

debe especificar los aspectos necesarios para el diagnóstico de la prueba específica. Los aspectos a entregar se deben marcar en dicha carátula. No es indispensable entregar elementos que no se soliciten en dicha carátula, pero los responsables de preparar la autoevaluación pueden incluir los elementos no solicitados si así lo desean. Estos elementos se considerarán como secundarios para los fines del diagnóstico. En la Lista de Aplicación se presentan cinco ejemplos de los elementos a entregar en la autoevaluación dependiendo del propósito de la prueba y de la magnitud del Proyecto.

12. En los aspectos que solicitan la presentación del currículum vitae u hoja de vida de las personas que intervienen, no se requiere más de una cuartilla por persona, aunque puede incluirse en anexo la hoja de vida in extenso.

| Cuestionario de autoevaluación para  diagnóstico de calidad de pruebas objetivas | Formato C |
|---|---|
| | Fecha: |

Nombre de la prueba

### Carátula - Índice

| Sección | Elemento | Entregar | Realizado | Elemento | Entregar | Realizado | Elemento | Entregar | Realizado |
|---|---|---|---|---|---|---|---|---|---|
| 0.  Responsables del cuestionario | 0.1 Responsables | | | 0.2 Aval | | | | | |
| 1.  Órganos responsables | 1.1 Organigrama | | | 1.2 Consejo General | | | 1.3 Comités específicos | | |
| 2.  Manual técnico y planeación | 2.1 Manual técnico | | | 2.2 Perfil del sustentante | | | 2.3 Instrumentos por perfil | | |
| | 2.4 Tablas de especificaciones | | | 2.5 Planeación | | | 2.6 Adecuaciones | | |
| | 2.7 Garantía contra sesgos | | | 2.8 Procesos de revisión | | | | | |
| 3.  Validez  asociada con la prueba | 3.1 Evidencias de validez | | | 3.2 Validez de contenido | | | 3.3 Validez de criterio (1) | | |
| | 3.4 Validez de criterio (2) | | | 3.5 Validez  de constructo (1) | | | 3.6 Validez  de constructo (2) | | |
| 4.  Reactivos y objetividad | 4.1 Manual de diseño de ítems | | | 4.2 Tipos de ítems | | | 4.3 Validación de los ítems | | |
| | 4.4 Piloteo de ítems o de pruebas | | | 4.5 Calibración de los ítems | | | 4.6 Descripción del banco | | |
| | 4.7 Políticas de uso | | | 4.8 Difusión y muestra | | | | | |
| 5.  Confiabilidad relativa a la prueba | 5.1 Confiabilidad y error de medida | | | 5.2 Tamaño de variables | | | 5.3 Depuración de ítems | | |
| | 5.4 Muestra para confiabilidad | | | 5.5 Confiabilidad  de dictamen | | | 5.6 Resultados de confiabilidad | | |
| | 5.7 Análisis de sesgo (1) | | | 5.8 Análisis de sesgo (2) | | | | | |
| 6.  Construcción de las pruebas | 6.1 Generación de pruebas | | | 6.2 Versiones o formas | | | 6.3 Vigencia de las versiones | | |
| | 6.4 Equivalencia entre versiones | | | 6.5 Valores de diseño | | | | | |
| 7.  Interpretación de resultados | 7.1 Calificación | | | 7.2 Escala de puntajes | | | 7.3 Puntos de corte | | |
| | 7.4 Calificación por  norma | | | 7.5 Calificación por criterio | | | 7.6 Combinación de instrumentos | | |
| 8.  Materiales de la prueba | 8.1 Materiales de apoyo | | | 8.2 Seguridad/confidencialidad | | | | | |
| 9.  Proceso de aplicación y logística | 9.1 Registro e inscripción | | | 9.2 Instalaciones | | | 9.3 Protocolos de aplicación | | |
| | 9.4 Codificación y lectura | | | 9.5 Excepciones/actos fraudulentos | | | 9.6 Revisiones | | |
| 10. Presentación de resultados y uso | 10.1 Reportes y uso | | | 10.2 Análisis de resultados | | | 10.3 Tiempo de entrega (1) | | |
| | 10.4 Tiempo de entrega (2) | | | 10.5 Usuarios de la prueba | | | 10.6  Publicación de resultados | | |
| | 10.7 Vigencia | | | 10.8 Área de investigación | | | 10.9 Resultados estadísticos | | |
| | 10.10 Capacitación a usuarios | | | | | | | | |
| 11. Promoción y contratación | 11.1 Promoción | | | 11.2 Capacitación en uso | | | 11.3 Forma de contratación | | |

| Total de elementos a entregar para este diagnóstico | | | Total de elementos entregados | | | Cumplimiento estimado (%) | | |
|---|---|---|---|---|---|---|---|---|

| *Cuestionario de autoevaluación para  diagnóstico de calidad de pruebas objetivas* | Formato C |
| --- | --- |
| | Fecha |

| Objetivo | Obtener elementos que sirvan de indicadores para dictaminar la calidad de una prueba. | | |
| --- | --- | --- | --- |
| Dirigido a | Responsables de evaluación. | | |
| Tiempo de entrega | | | |
| Nombre de la prueba | | | |
| Institución | | | |
| Fecha de la primera aplicación  de la prueba | | Número de sustentantes hasta la fecha | | Promedio de sustentantes por aplicación | |

| 0. Responsables de este cuestionario | Estándares: |
| --- | --- |

Se recaban los datos de las personas que se encargaron de realizar la prueba y también de llenar los datos del Cuestionario de Autoevaluación, junto con las firmas de conformidad de las personas que avalan el contenido de la información por parte de la Institución o como referencia de otros especialistas en apoyo al responsable de la prueba.

| 0.1 Responsable. | Prioridad:   Alta |
| --- | --- |

Anote nombres de responsables del diseño de la prueba y de responder a este Cuestionario de Autoevaluación.

| Nombre | Cargo | Dirección electrónica, teléfono o fax | Firma |
| --- | --- | --- | --- |
| | | | |
| | | | |
| | | | |

| 0.2 Aval. | Prioridad:   Alta |
| --- | --- |

Anote los nombres de las personas que certifican la veracidad del contenido de este Cuestionario de Autoevaluación.

| Nombre | Cargo | Dirección electrónica, teléfono o fax | Firma |
| --- | --- | --- | --- |
| | | | |
| | | | |
| | | | |

## 1. Coordinación y responsables del Proyecto

Para el desarrollo de una prueba se necesita disponer de un cuerpo organizado con funciones específicas para el diseño de la prueba, la redacción de reactivos, el análisis y la validación, etc.

| No. | Concepto | Desarrolle aquí su respuesta | Contenido de los Anexos | Prioridad | Reservado para Evaluador Externo |
|---|---|---|---|---|---|
| 1.1 | Describa el organigrama del cuerpo o instancia encargada de la coordinación de la prueba. Incluya nombres de los responsables y un currículum vitae breve. | | Organigrama y currículum | 1 | |
| 1.2 | ¿Existe un Consejo General (Consejo Técnico o similar) que supervise la prueba? De ser el caso diga cómo está integrado. Incluya nombres y currículum breve. | | Organigrama y currículum | 1 | |
| 1.3 | ¿Cómo se integran los comités específicos? (Por área de conocimiento, de diseño de reactivos, definición de especificaciones, definición de criterios de aceptación, etc.). Incluya nombres y currículum breve. | | Organigrama y currículum | 2 | |
| Firmas de Responsable | | Firmas de Aval | | | |

| 2. Manual técnico y planeación de la prueba | | | | |
|---|---|---|---|---|
| Se debe contar con un manual técnico que especifique las bases de diseño, perfil, propósitos de la prueba y su planeación | | | | |
| No. | Concepto | Desarrolle aquí su respuesta | Contenido de los Anexos | Prioridad | Reservado para Evaluador Externo |
| 2.1 | ¿Se dispone de un manual técnico para la prueba? | | Manual técnico | 1 | |
| 2.2 | ¿Cuál es el perfil del sustentante a evaluar? | | Perfil de referencia | 1 | |
| 2.3 | ¿Qué instrumentos integran la prueba con relación al perfil a evaluar? Describa la estructura de cada uno de ellos. | | Descripción genérica de los instrumentos | 1 | |
| 2.4 | Presente las tablas de especificaciones o validez de contenido de los instrumentos. | | Tablas de validez | 1 | |
| 2.5 | ¿Cómo se realiza la planeación de la prueba? | | Plan de diseño de la prueba | 2 | |
| 2.6 | ¿Qué adecuaciones se realizan para favorecer la aplicación a personas con discapacidad? | | Descripción | 3 | |
| 2.7 | ¿Cómo se garantiza que la prueba es apropiada para género, grupo étnico, antecedentes socioeconómicos, etc.? | | Descripción | 3 | |
| 2.8 | ¿Qué procesos de revisión se siguen para actualizar, modificar, corregir y mejorar la prueba? | | Procedimiento | 3 | |
| Firmas de Responsable | | | Firmas de Aval | | |

## 3. Validez asociada con la prueba

Presentar evidencias del proceso que se sigue para garantizar la validez de la prueba (contenido, constructo y de criterio), incluyendo resultados obtenidos.

| No. | Concepto | Desarrolle aquí su respuesta | Contenido de los Anexos | Prioridad | Reservado para Evaluador Externo |
|---|---|---|---|---|---|
| 3.1 | ¿Qué procedimiento se sigue para garantizar la validez de contenido de la prueba? Si se utilizan jueces incluir su CV. | | Manual y CV de jueces | 1 | |
| 3.2 | Describa el procedimiento para que el Proyecto cuente con evidencias de validez de contenido y la forma de definir las especificaciones de la prueba. | | Metodología | 1 | |
| 3.3 | Describa el procedimiento para el análisis de validez de criterio (predictiva, concurrente, retrospectiva). | | Valores de análisis | 2 | |
| 3.4 | Presente los resultados de validez de criterio. | | Fórmula o procedimiento | 2 | |
| 3.5 | ¿Cómo realiza el análisis de validez de constructo de la prueba? | | Metodología | 2 | |
| 3.6 | Presente los resultados de validez de constructo. | | Valores de análisis | 2 | |
| Firmas de Responsable | | Firmas de Aval | | | |

## 4. Reactivos y objetividad

Explicar la forma de redactar los reactivos e integrar el banco de reactivos. Presentación del sistema de gestión de los reactivos.

| No. | Concepto | Desarrolle aquí su respuesta | Contenido de los Anexos | Prioridad | Reservado para Evaluador Externo |
|---|---|---|---|---|---|
| 4.1 | ¿Se dispone de manual o guía para la redacción de reactivos? | | Manual o guía | 2 | |
| 4.2 | ¿Qué tipos de reactivos se emplean en los instrumentos? Incluya unos 20 reactivos de ejemplo de su banco (elija ejemplos de diferentes tipos de reactivo). | | Ejemplos de reactivos | 1 | |
| 4.3 | ¿Cómo se realiza la validación de reactivos y los criterios para su aceptación, revisión y modificación, a través de la revisión por especialistas? | | Metodología de calibración | 1 | |
| 4.4 | Explique cómo se efectúa el piloteo de los ítems o de las pruebas. | | Fórmula o procedimiento | 1 | |
| 4.5 | Explique cómo se realiza la calibración de reactivos y los criterios para su aceptación, revisión y modificación ¿Cómo se define el tamaño de muestra o población para la calibración? Indique el error de diseño de la prueba. | | Metodologías | 1 | |
| 4.6 | Describa el banco de reactivos (número de ítems, clasificación y forma de administrarlos, rango de dificultades, etc.) | | Inventario general | 1 | |
| 4.7 | Describa las políticas de empleo de los reactivos, su vigencia, almacenamiento, rotación y actualización. | | Reglas de gestión del banco | 3 | |
| 4.8 | ¿Cómo se eligen los reactivos de muestra que se emplean en las guías y cómo se garantiza su representatividad? | | Reglas de gestión del banco | 3 | |
| Firmas de Responsable | | Firmas de Aval | | | |

## 5. Confiabilidad relativa a la prueba

Describir el proceso que se sigue para garantizar la confiabilidad de la prueba y los resultados obtenidos.
En pruebas de criterio se debe describir el análisis de confiabilidad del dictamen que se hace sobre los sustentantes

| No. | Concepto | Desarrolle aquí su respuesta | Contenido de los Anexos | Prioridad | Reservado para Evaluador Externo |
|---|---|---|---|---|---|
| 5.1 | ¿Cómo se realiza el análisis de confiabilidad y error de medida? | | Manual | 1 | |
| 5.2 | ¿Cómo se establece el tamaño de las secciones o áreas con las que se dictamina a los sujetos? | | Estimación de error de medida | 1 | |
| 5.3 | ¿Qué proceso de depuración y eliminación de reactivos se realiza al analizar el instrumento? | | Ejemplo | 1 | |
| 5.4 | ¿Cómo se define el tamaño de muestra o población para el análisis de confiabilidad? | | Fórmula o procedimiento | 2 | |
| 5.5 | ¿Cómo se garantiza la calidad del dictamen que se hace sobre los sustentantes? | | Manual de jueceo o procedimiento | 1 | |
| 5.6 | Presente los valores obtenidos en las aplicaciones de la prueba: Confiabilidad global y por tema o sección. | | Reporte de análisis | 1 | |
| 5.7 | ¿Qué análisis de sesgo y de funcionamiento diferencial de ítems realiza? | | Formulación y procedimiento | 2 | |
| 5.8 | Presente los resultados de los análisis de sesgo y de funcionamiento diferencial. | | Reporte de análisis | 2 | |
| Firmas de Responsable | | Firmas de Aval | | | |

| 6. Construcción de las pruebas | | | | |
|---|---|---|---|---|
| Describir el proceso que se sigue para la construcción de pruebas | | | | |
| No. | Concepto | Desarrolle aquí su respuesta | Contenido de los Anexos | Prioridad | Reservado para Evaluador Externo |
| 6.1 | Describa el procedimiento que se sigue para generar las pruebas. | | Reglas para integrar la prueba | 1 | |
| 6.2 | Indique el procedimiento para construir las diferentes versiones o formas de examen. | | Procedimiento | 1 | |
| 6.3 | Indique la vigencia y uso que se da a las versiones de la prueba. | | Descripción | 3 | |
| 6.4 | ¿Cómo se garantiza la equivalencia entre versiones? | | Fórmula o procedimiento | 1 | |
| 6.5 | Presente los valores de diseño de la prueba: Dificultad media, rango de dificultades, error estándar, etc. | | Reporte de diseño | 1 | |
| | | | | | |
| Firmas de Responsable | | Firmas de Aval | | |

## 7. Calificación e interpretación de resultados

Describir los procesos de calificación, dictamen y forma de interpretar los resultados.

| No. | Concepto | Desarrolle aquí su respuesta | Contenido de los Anexos | Prioridad | Reservado para Evaluador Externo |
|---|---|---|---|---|---|
| 7.1 | Describa la forma general de asignar la calificación de los sustentantes. Indique si se eliminan reactivos o depura  el instrumento, etc. | | Manual o guía | 1 | |
| 7.2 | Describa la escala de calificaciones y la forma de reportar los resultados. | | Presentación de escala | 1 | |
| 7.3 | ¿Cómo se establecen los puntos de corte y el dictamen de desempeño o niveles de satisfacción? | | Procedimiento | 2 | |
| 7.4 | Describa el procedimiento de calificación e interpretación de resultados en pruebas por norma. Presente resultados. | | Procedimiento y reporte | 2 | |
| 7.5 | Describa el procedimiento de calificación e interpretación de resultados en pruebas por criterio. Presente resultados. | | Procedimiento y reporte | 2 | |
| 7.6 | En caso de tenerse varios instrumentos para evaluar el perfil ¿Cómo los combina para dar la calificación global y cómo interpreta el resultado global? | | Fórmula o procedimiento | 3 | |
| Firmas de Responsable | | Firmas de Aval | | | |

## 8. Materiales de la prueba

Descripción de los materiales de apoyo para la prueba: guías, hojas de llenado, hojas de registro o datos socioeconómicos, certificados o constancias, etc.

| No. | Concepto | Desarrolle aquí su respuesta | Contenido de los Anexos | Prioridad | Reservado para Evaluador Externo |
|---|---|---|---|---|---|
| 8.1 | Describa los materiales de apoyo que se emplean para la prueba (Guía, hoja de respuestas, formatos, etc.). | | Lista de materiales | 2 | |
| 8.2 | ¿Cómo controla la seguridad y confidencialidad del proceso de impresión de materiales, resguardo, controles, etc. | | Controles | 2 | |
| | | | | | |

| Firmas de Responsable | Firmas de Aval |
|---|---|

## 9. Proceso de aplicación y logística

Describir los procesos previos, posteriores y relacionados con la aplicación, el proceso de calificación y entrega de resultados

| No. | Concepto | Desarrolle aquí su respuesta | Contenido de los Anexos | Prioridad | Reservado para Evaluador Externo |
|---|---|---|---|---|---|
| 9.1 | Describa la forma de registro o inscripción de los sustentantes, a la prueba. Formas de control de entrada e identificación durante la aplicación, registro de datos socioeconómico. | | Manual, guía o procedimientos | 2 | |
| 9.2 | ¿Qué requisitos se imponen a las instalaciones, servicios e infraestructura de los locales donde se aplica la prueba? | | Manual o guía | 3 | |
| 9.3 | Describa los procedimientos y condiciones de aplicación así como la selección y capacitación del personal para control y supervisión. Incluya los instructivos o procedimientos de aplicación, si los hay. | | Procedimientos | 2 | |
| 9.4 | ¿Cómo son los procesos de lectura de hojas de respuesta, calificación, verificación de datos, depuración de archivos, creación de bases de datos, etc.? | | Procedimiento | 1 | |
| 9.5 | ¿Cómo se garantiza que no ocurran actos fraudulentos? Describa los procedimientos para contender con ellos en caso de que llegaran a ocurrir. | | Procedimiento | 3 | |
| 9.6 | ¿Cómo se hace la revisión de reclamaciones por parte del sustentante? | | Procedimiento | 3 | |
| Firmas de Responsable | | | Firmas de Aval | | |

## 10. Presentación de resultados y su utilización

Describir la forma de emplear los resultados por el sustentante, autoridades, público en general, etc.

| No. | Concepto | Desarrolle aquí su respuesta | Contenido de los Anexos | Prioridad | Reservado para Evaluador Externo |
|---|---|---|---|---|---|
| 10.1 | ¿Qué reportes de la prueba se generan y como se utilizan? | | Ejemplos de reportes | 1 | |
| 10.2 | ¿Cómo se aprovechan las calificaciones junto con los datos socioeconómicos recabados? Explicar, si los hay, los análisis de comportamiento por grupos, sectores, etc. | | Descripción breve | 2 | |
| 10.3 | ¿En cuánto tiempo presenta los análisis de reactivos y de calidad de la prueba y se retroalimenta a los diseñadores de la prueba? | | Descripción | 2 | |
| 10.4 | ¿En cuánto tiempo emite los resultados de la prueba? | | Descripción | 2 | |
| 10.5 | ¿Qué personas, grupos o instituciones pueden emplear los resultados de la prueba? | | Relación | 3 | |
| 10.6 | ¿Cómo se publican los datos y cómo se garantiza su confidencialidad? | | Descripción breve y muestra | 3 | |
| 10.7 | ¿Qué vigencia tienen los resultados? | | Descripción | 3 | |
| 10.8 | ¿Existe un área de investigación que utilice los resultados? Incluya nombres, CV y trabajos realizados. | | Organigrama, currículum y lista de trabajos | 3 | |
| 10.9 | Resultados estadísticos de la prueba y sus secciones (media, desviación estándar, rango, sesgo, etc.) | | Reporte de resultados | 1 | |
| 10.10 | Describa la forma de capacitar a los usuarios en la interpretación y manejo de los resultados. | | Manual de capacitación | 2 | |

| Firmas de Responsable | Firmas de Aval |
|---|---|

## 11. Promoción y contratación

Este apartado debe llenarse sólo cuando el instrumento es ofrecido en forma abierta para uso de otras instituciones o instancias.

| No. | Concepto | Desarrolle aquí su respuesta | Contenido de los Anexos | Prioridad | Reservado para Evaluador Externo |
|---|---|---|---|---|---|
| 11.1 | ¿Cómo se promueve el cuestionario y se propicia su aplicación y su contratación por otras instituciones? | | Materiales promocionales | 3 | |
| 11.2 | Describa la forma de capacitar a los usuarios en la interpretación y manejo de los resultados | | Manual, guías o materiales de capacitación | 3 | |
| 11.3 | Establezca el esquema de contratación del Proyecto en el caso de que se ofrezca en forma abierta al público o a las instituciones interesadas. | | Muestra de contrato o cláusulas generales | 3 | |
| | | | | | |
| Firmas de Responsable | | Firmas de Aval | | | |

| | | | | | |
|---|---|---|---|---|---|
| *Lista de aplicación* | | | | Formato C1 | |
| | | | | Fecha: | |

| Nombre de la prueba: | Prueba de docente en su clase | (También denominada Prueba Informal). |
|---|---|---|

| Sección | Elemento | Entregar | Realizado | Elemento | Entregar | Realizado | Elemento | Entregar | Realizado |
|---|---|---|---|---|---|---|---|---|---|
| 0. Responsables del cuestionario | 0.1 Responsables | x | | 0.2 Aval | | | | | |
| 1. Órganos responsables | 1.1 Organigrama | x | | 1.2 Consejo General | | | 1.3 Comités específicos | | |
| 2. Manual técnico y planeación | 2.1 Manual técnico | x | | 2.2 Perfil del sustentante | x | | 2.3 Instrumentos por perfil | x | |
| | 2.4 Tablas de especificaciones | x | | 2.5 Planeación | | | 2.6 Adecuaciones | | |
| | 2.7 Garantía contra sesgos | | | 2.8 Procesos de revisión | | | | | |
| 3. Validez  asociada con la prueba | 3.1 Evidencias de validez | | | 3.2 Validez de contenido | x | | 3.3 Validez de criterio (1) | | |
| | 3.4 Validez de criterio (2) | | | 3.5 Validez  de constructo (1) | | | 3.6 Validez  de constructo (2) | | |
| 4. Reactivos y objetividad | 4.1 Manual de diseño de ítems | x | | 4.2 Tipos de ítems | x | | 4.3 Validación de los ítems | | |
| | 4.4 Piloteo de ítems o de pruebas | | | 4.5 Calibración de los ítems | x | | 4.6 Descripción del banco | | |
| | 4.7 Políticas de uso | | | 4.8 Difusión y muestra | | | | | |
| 5. Confiabilidad relativa a la prueba | 5.1 Confiabilidad y error de medida | | | 5.2 Tamaño de variables | x | | 5.3 Depuración de ítems | | |
| | 5.4 Muestra para confiabilidad | | | 5.5 Confiabilidad  de dictamen | | | 5.6 Resultados de confiabilidad | x | |
| | 5.7 Análisis de sesgo (1) | | | 5.8 Análisis de sesgo (2) | | | | | |
| 6. Construcción de las pruebas | 6.1 Generación de pruebas | x | | 6.2 Versiones o formas | x | | 6.3 Vigencia de las versiones | | |
| | 6.4 Equivalencia entre versiones | | | 6.5 Valores de diseño | | | | | |
| 7. Interpretación de resultados | 7.1 Calificación | x | | 7.2 Escala de puntajes | x | | 7.3 Puntos de corte | x | |
| | 7.4 Calificación por  norma | | | 7.5 Calificación por criterio | | | 7.6 Combinación de instrumentos | | |
| 8. Materiales de la prueba | 8.1 Materiales de apoyo | | | 8.2 Seguridad/confidencialidad | | | | | |
| 9. Proceso de aplicación y logística | 9.1 Registro e inscripción | | | 9.2 Instalaciones | | | 9.3 Protocolos de aplicación | x | |
| | 9.4 Codificación y lectura | | | 9.5 Excepciones/actos fraudulentos | | | 9.6 Revisiones | x | |
| 10. Presentación de resultados y uso | 10.1 Reportes y uso | x | | 10.2 Análisis de resultados | | | 10.3 Tiempo de entrega (1) | x | |
| | 10.4 Tiempo de entrega (2) | x | | 10.5 Usuarios de la prueba | x | | 10.6  Publicación de resultados | | |
| | 10.7 Vigencia | | | 10.8 Área de investigación | | | 10.9 Resultados estadísticos | | |
| | 10.10 Capacitación a usuarios | | | | | | | | |
| 11. Promoción y contratación | 11.1 Promoción | | | 11.2 Capacitación en uso | | | 11.3 Forma de contratación | | |

| Total de elementos a entregar para este diagnóstico | 23 | Total de elementos entregados | | Cumplimiento estimado (%) | |
|---|---|---|---|---|---|

## Lista de aplicación

Formato C2
Fecha:

**Nombre de la prueba:** Prueba institucional, departamental, colegiada o de academia

| Sección | Elemento | Entregar | Realizado | Elemento | Entregar | Realizado | Elemento | Entregar | Realizado |
|---|---|---|---|---|---|---|---|---|---|
| 0. Responsables del cuestionario | 0.1 Responsables | x | | 0.2 Aval | x | | | | |
| 1. Órganos responsables | 1.1 Organigrama | x | | 1.2 Consejo General | x | | 1.3 Comités específicos | x | |
| 2. Manual técnico y planeación | 2.1 Manual técnico | x | | 2.2 Perfil del sustentante | x | | 2.3 Instrumentos por perfil | x | |
| | 2.4 Tablas de especificaciones | x | | 2.5 Planeación | x | | 2.6 Adecuaciones | | |
| | 2.7 Garantía contra sesgos | | | 2.8 Procesos de revisión | | | | | |
| 3. Validez asociada con la prueba | 3.1 Evidencias de validez | x | | 3.2 Validez de contenido | x | | 3.3 Validez de criterio (1) | x | |
| | 3.4 Validez de criterio (2) | x | | 3.5 Validez de constructo (1) | | | 3.6 Validez de constructo (2) | | |
| 4. Reactivos y objetividad | 4.1 Manual de diseño de ítems | x | | 4.2 Tipos de ítems | x | | 4.3 Validación de los ítems | x | |
| | 4.4 Piloteo de ítems o de pruebas | x | | 4.5 Calibración de los ítems | x | | 4.6 Descripción del banco | x | |
| | 4.7 Políticas de uso | | | 4.8 Difusión y muestra | | | | | |
| 5. Confiabilidad relativa a la prueba | 5.1 Confiabilidad y error de medida | x | | 5.2 Tamaño de variables | x | | 5.3 Depuración de ítems | x | |
| | 5.4 Muestra para confiabilidad | | | 5.5 Confiabilidad de dictamen | | | 5.6 Resultados de confiabilidad | x | |
| | 5.7 Análisis de sesgo (1) | | | 5.8 Análisis de sesgo (2) | | | | | |
| 6. Construcción de las pruebas | 6.1 Generación de pruebas | x | | 6.2 Versiones o formas | x | | 6.3 Vigencia de las versiones | x | |
| | 6.4 Equivalencia entre versiones | x | | 6.5 Valores de diseño | | | | | |
| 7. Interpretación de resultados | 7.1 Calificación | x | | 7.2 Escala de puntajes | x | | 7.3 Puntos de corte | x | |
| | 7.4 Calificación por norma | x | | 7.5 Calificación por criterio | x | | 7.6 Combinación de instrumentos | x | |
| 8. Materiales de la prueba | 8.1 Materiales de apoyo | x | | 8.2 Seguridad/confidencialidad | | | | | |
| 9. Proceso de aplicación y logística | 9.1 Registro e inscripción | | | 9.2 Instalaciones | x | | 9.3 Protocolos de aplicación | x | |
| | 9.4 Codificación y lectura | x | | 9.5 Excepciones/actos fraudulentos | x | | 9.6 Revisiones | x | |
| 10. Presentación de resultados y uso | 10.1 Reportes y uso | x | | 10.2 Análisis de resultados | x | | 10.3 Tiempo de entrega (1) | x | |
| | 10.4 Tiempo de entrega (2) | x | | 10.5 Usuarios de la prueba | x | | 10.6 Publicación de resultados | x | |
| | 10.7 Vigencia | | | 10.8 Área de investigación | | | 10.9 Resultados estadísticos | x | |
| | 10.10 Capacitación a usuarios | | | | | | | | |
| 11. Promoción y contratación | 11.1 Promoción | | | 11.2 Capacitación en uso | | | 11.3 Forma de contratación | | |

| Total de elementos a entregar para este diagnóstico | 47 | | Total de elementos entregados | | Cumplimiento estimado (%) | |
|---|---|---|---|---|---|---|

## Lista de aplicación

| | Formato C3 |
| --- | --- |
| | Fecha: |

| Nombre de la prueba: | Prueba de logros a nivel nacional |
| --- | --- |

| Sección | Elemento | Entregar | Realizado | Elemento | Entregar | Realizado | Elemento | Entregar | Realizado |
| --- | --- | --- | --- | --- | --- | --- | --- | --- | --- |
| 0. Responsables del cuestionario | 0.1 Responsables | x | | 0.2 Aval | x | | | | |
| 1. Órganos responsables | 1.1 Organigrama | x | | 1.2 Consejo General | x | | 1.3 Comités específicos | x | |
| 2. Manual técnico y planeación | 2.1 Manual técnico | x | | 2.2 Perfil del sustentante | x | | 2.3 Instrumentos por perfil | x | |
| | 2.4 Tablas de especificaciones | x | | 2.5 Planeación | x | | 2.6 Adecuaciones | x | |
| | 2.7 Garantía contra sesgos | x | | 2.8 Procesos de revisión | | | | | |
| 3. Validez asociada con la prueba | 3.1 Evidencias de validez | x | | 3.2 Validez de contenido | x | | 3.3 Validez de criterio (1) | x | |
| | 3.4 Validez de criterio (2) | x | | 3.5 Validez de constructo (1) | x | | 3.6 Validez de constructo (2) | x | |
| 4. Reactivos y objetividad | 4.1 Manual de diseño de ítems | x | | 4.2 Tipos de ítems | x | | 4.3 Validación de los ítems | x | |
| | 4.4 Piloteo de ítems o de pruebas | x | | 4.5 Calibración de los ítems | x | | 4.6 Descripción del banco | x | |
| | 4.7 Políticas de uso | | | 4.8 Difusión y muestra | | | | | |
| 5. Confiabilidad relativa a la prueba | 5.1 Confiabilidad y error de medida | x | | 5.2 Tamaño de variables | x | | 5.3 Depuración de ítems | x | |
| | 5.4 Muestra para confiabilidad | | | 5.5 Confiabilidad de dictamen | | | 5.6 Resultados de confiabilidad | x | |
| | 5.7 Análisis de sesgo (1) | | | 5.8 Análisis de sesgo (2) | | | | | |
| 6. Construcción de las pruebas | 6.1 Generación de pruebas | x | | 6.2 Versiones o formas | x | | 6.3 Vigencia de las versiones | x | |
| | 6.4 Equivalencia entre versiones | x | | 6.5 Valores de diseño | x | | | | |
| 7. Interpretación de resultados | 7.1 Calificación | x | | 7.2 Escala de puntajes | x | | 7.3 Puntos de corte | x | |
| | 7.4 Calificación por norma | x | | 7.5 Calificación por criterio | x | | 7.6 Combinación de instrumentos | x | |
| 8. Materiales de la prueba | 8.1 Materiales de apoyo | x | | 8.2 Seguridad/confidencialidad | | | | | |
| 9. Proceso de aplicación y logística | 9.1 Registro e inscripción | | | 9.2 Instalaciones | x | | 9.3 Protocolos de aplicación | x | |
| | 9.4 Codificación y lectura | x | | 9.5 Excepciones/actos fraudulentos | x | | 9.6 Revisiones | x | |
| 10. Presentación de resultados y uso | 10.1 Reportes y uso | x | | 10.2 Análisis de resultados | x | | 10.3 Tiempo de entrega (1) | x | |
| | 10.4 Tiempo de entrega (2) | x | | 10.5 Usuarios de la prueba | x | | 10.6 Publicación de resultados | x | |
| | 10.7 Vigencia | | | 10.8 Área de investigación | x | | 10.9 Resultados estadísticos | x | |
| | 10.10 Capacitación a usuarios | x | | | | | | | |
| 11. Promoción y contratación | 11.1 Promoción | | | 11.2 Capacitación en uso | | | 11.3 Forma de contratación | | |

| Total de elementos a entregar para este diagnóstico | 47 | | Total de elementos entregados | | | Cumplimiento estimado (%) | | |
| --- | --- | --- | --- | --- | --- | --- | --- | --- |

## Lista de aplicación

| Formato C4 |
| Fecha: |

| Nombre de la prueba: | Diagnóstico de riesgo familiar, para diseño de programa asistencial de enfermería. |

| Sección | Elemento | Entregar | Realizado | Elemento | Entregar | Realizado | Elemento | Entregar | Realizado |
|---|---|---|---|---|---|---|---|---|---|
| 0. Responsables del cuestionario | 0.1 Responsables | x | | 0.2 Aval | x | | | | |
| 1. Órganos responsables | 1.1 Organigrama | x | | 1.2 Consejo General | x | | 1.3 Comités específicos | x | |
| 2. Manual técnico y planeación | 2.1 Manual técnico | x | | 2.2 Perfil del sustentante | x | | 2.3 Instrumentos por perfil | x | |
| | 2.4 Tablas de especificaciones | x | | 2.5 Planeación | x | | 2.6 Adecuaciones | x | |
| | 2.7 Garantía contra sesgos | x | | 2.8 Procesos de revisión | x | | | | |
| 3. Validez asociada con la prueba | 3.1 Evidencias de validez | x | | 3.2 Validez de contenido | x | | 3.3 Validez de criterio (1) | x | |
| | 3.4 Validez de criterio (2) | x | | 3.5 Validez de constructo (1) | x | | 3.6 Validez de constructo (2) | x | |
| 4. Reactivos y objetividad | 4.1 Manual de diseño de ítems | x | | 4.2 Tipos de ítems | x | | 4.3 Validación de los ítems | x | |
| | 4.4 Piloteo de ítems o de pruebas | x | | 4.5 Calibración de los ítems | x | | 4.6 Descripción del banco | x | |
| | 4.7 Políticas de uso | x | | 4.8 Difusión y muestra | x | | | | |
| 5. Confiabilidad relativa a la prueba | 5.1 Confiabilidad y error de medida | x | | 5.2 Tamaño de variables | x | | 5.3 Depuración de ítems | x | |
| | 5.4 Muestra para confiabilidad | x | | 5.5 Confiabilidad de dictamen | x | | 5.6 Resultados de confiabilidad | x | |
| | 5.7 Análisis de sesgo (1) | x | | 5.8 Análisis de sesgo (2) | x | | | | |
| 6. Construcción de las pruebas | 6.1 Generación de pruebas | x | | 6.2 Versiones o formas | x | | 6.3 Vigencia de las versiones | x | |
| | 6.4 Equivalencia entre versiones | x | | 6.5 Valores de diseño | x | | | | |
| 7. Interpretación de resultados | 7.1 Calificación | x | | 7.2 Escala de puntajes | x | | 7.3 Puntos de corte | x | |
| | 7.4 Calificación por norma | x | | 7.5 Calificación por criterio | x | | 7.6 Combinación de instrumentos | x | |
| 8. Materiales de la prueba | 8.1 Materiales de apoyo | x | | 8.2 Seguridad/confidencialidad | x | | | | |
| 9. Proceso de aplicación y logística | 9.1 Registro e inscripción | x | | 9.2 Instalaciones | x | | 9.3 Protocolos de aplicación | x | |
| | 9.4 Codificación y lectura | x | | 9.5 Excepciones/actos fraudulentos | x | | 9.6 Revisiones | x | |
| 10. Presentación de resultados y uso | 10.1 Reportes y uso | x | | 10.2 Análisis de resultados | x | | 10.3 Tiempo de entrega (1) | x | |
| | 10.4 Tiempo de entrega (2) | x | | 10.5 Usuarios de la prueba | x | | 10.6 Publicación de resultados | x | |
| | 10.7 Vigencia | x | | 10.8 Área de investigación | x | | 10.9 Resultados estadísticos | x | |
| | 10.10 Capacitación a usuarios | x | | | x | | | | |
| 11. Promoción y contratación | 11.1 Promoción | x | | 11.2 Capacitación en uso | x | | 11.3 Forma de contratación | | |

| Total de elementos a entregar para este diagnóstico | 64 | | Total de elementos entregados | | | Cumplimiento estimado (%) | | |

## Lista de aplicación

| | Formato C5 |
|---|---|
| | Fecha: |

| Nombre de la prueba: | Prueba para certificación ofrecida por agencia de evaluación externa |
|---|---|

| Sección | Elemento | Entregar | Realizado | Elemento | Entregar | Realizado | Elemento | Entregar | Realizado |
|---|---|---|---|---|---|---|---|---|---|
| 0. Responsables del cuestionario | 0.1 Responsables | x | | 0.2 Aval | x | | | | |
| 1. Órganos responsables | 1.1 Organigrama | x | | 1.2 Consejo General | x | | 1.3 Comités específicos | x | |
| 2. Manual técnico y planeación | 2.1 Manual técnico | x | | 2.2 Perfil del sustentante | x | | 2.3 Instrumentos por perfil | x | |
| | 2.4 Tablas de especificaciones | x | | 2.5 Planeación | x | | 2.6 Adecuaciones | x | |
| | 2.7 Garantía contra sesgos | x | | 2.8 Procesos de revisión | x | | | | |
| 3. Validez asociada con la prueba | 3.1 Evidencias de validez | x | | 3.2 Validez de contenido | x | | 3.3 Validez de criterio (1) | x | |
| | 3.4 Validez de criterio (2) | x | | 3.5 Validez de constructo (1) | x | | 3.6 Validez de constructo (2) | x | |
| 4. Reactivos y objetividad | 4.1 Manual de diseño de ítems | x | | 4.2 Tipos de ítems | x | | 4.3 Validación de los ítems | x | |
| | 4.4 Piloteo de ítems o de pruebas | x | | 4.5 Calibración de los ítems | x | | 4.6 Descripción del banco | x | |
| | 4.7 Políticas de uso | x | | 4.8 Difusión y muestra | x | | | | |
| 5. Confiabilidad relativa a la prueba | 5.1 Confiabilidad y error de medida | x | | 5.2 Tamaño de variables | x | | 5.3 Depuración de ítems | x | |
| | 5.4 Muestra para confiabilidad | x | | 5.5 Confiabilidad de dictamen | x | | 5.6 Resultados de confiabilidad | x | |
| | 5.7 Análisis de sesgo (1) | x | | 5.8 Análisis de sesgo (2) | x | | | | |
| 6. Construcción de las pruebas | 6.1 Generación de pruebas | x | | 6.2 Versiones o formas | x | | 6.3 Vigencia de las versiones | x | |
| | 6.4 Equivalencia entre versiones | x | | 6.5 Valores de diseño | x | | | | |
| 7. Interpretación de resultados | 7.1 Calificación | x | | 7.2 Escala de puntajes | x | | 7.3 Puntos de corte | x | |
| | 7.4 Calificación por norma | x | | 7.5 Calificación por criterio | x | | 7.6 Combinación de instrumentos | x | |
| 8. Materiales de la prueba | 8.1 Materiales de apoyo | x | | 8.2 Seguridad/confidencialidad | x | | | | |
| 9. Proceso de aplicación y logística | 9.1 Registro e inscripción | x | | 9.2 Instalaciones | x | | 9.3 Protocolos de aplicación | x | |
| | 9.4 Codificación y lectura | x | | 9.5 Excepciones/actos fraudulentos | x | | 9.6 Revisiones | x | |
| 10. Presentación de resultados y uso | 10.1 Reportes y uso | x | | 10.2 Análisis de resultados | x | | 10.3 Tiempo de entrega (1) | x | |
| | 10.4 Tiempo de entrega (2) | x | | 10.5 Usuarios de la prueba | x | | 10.6 Publicación de resultados | x | |
| | 10.7 Vigencia | x | | 10.8 Área de investigación | x | | 10.9 Resultados estadísticos | x | |
| | 10.10 Capacitación a usuarios | x | | | | | | | |
| 11. Promoción y contratación | 11.1 Promoción | x | | 11.2 Capacitación en uso | x | | 11.3 Forma de contratación | x | |

| Total de elementos a entregar para este diagnóstico | 67 | Total de elementos entregados | | Cumplimiento estimado (%) | |
|---|---|---|---|---|---|

# Guía de calificación

1. Elegir la prueba que va a evaluarse por medio del cuestionario.

2. Identificar en la carátula los aspectos que deben revisarse para la prueba y señalarlos en la columna "Entregar". En este caso puede emplearse alguno de los casos de ejemplo contenidos en esta guía de aplicación.

| LISTA DE APLICACIÓN | | | | | | | Formato C-2 Fecha: | | |
|---|---|---|---|---|---|---|---|---|---|
| **Nombre de la prueba** PRUEBA INSTITUCIONAL, DEPARTAMENTAL, COLEGIADA O DE ACADEMIA | | | | | | | | | |
| SECCIÓN | Elemento | Entregar | Realizado | Elemento | Entregar | Realizado | Elemento | Entregar | Realizado |
| 0 Responsables del cuestionario | 0.1 Responsables | X | | 0.2 Aval | X | | | | |
| 1 Organos responsables | 1.1 Organigrama | X | | 1.2 Consejo General | X | | 1.3 Comités específicos | X | |
| 2 Manual técnico y planeación | 2.1 Manual técnico | X | | 2.2 Perfil del sustentante | X | | 2.3 Instrumentos por perfil | X | |
| | 2.4 Tablas de especificaciones | X | | | X | | 2.6 Adecuaciones | | |
| | 2.7 Garantía contra sesgos | | | | | | | | |
| 3 Validez asociada con la prueba | 3.1 Evidencias de validez | X | | | X | | 3.3 Validez de criterio (1) | X | |
| | 3.4 Validez de criterio (2) | X | | | | | 3.6 Validez de constructo (2) | | |
| 4 Reactivos y objetividad | 4.1 Manual de diseño de ítems | X | | 4.2 Tipos de ítems | X | | 4.3 Validación de los ítems | X | |
| | 4.4 Piloteo de ítems o de pruebas | Y | | 4.5 Calificación de los ítems | Y | | 4.6 Discriminación del sesgo | Y | |



3. Llenar la información solicitada dentro de la columna de respuesta del cuestionario. Se sugiere una descripción sintética, consistente en uno o dos párrafos, de tal modo que se brinde una explicación suficientemente clara pero breve. Cuando el aspecto no se haya atendido con anterioridad, deberá indicarse con la leyenda: no disponible.

### 2. Maual técnico y planeación de la prueba

Se debe contar con un manual técnico que especifique las bases de diseño, perfil, propósitos de la prueba y su planeación

| No. | Concepto | Desarrolle aqui su respuesta | Contenido de los Anexos | Prioridad | Reservado para evaluador externo |
|---|---|---|---|---|---|
| 2.1 | ¿Se dispone de un manual técnico para la prueba? | NO DISPONIBLE | Manual técnico | 1 | |
| 2.2 | ¿Cual es el perfil del sustentante a evaluar? | Se trata de estudiantes que cursaron y aprobaron las asignaturas del segundo semestre de la carrera de Ingeniería. Se espera que el estudiante sea capaz de comprender el enunciado de un probema físico que se le plantee y que pueda establecer un modelo matemático como función de varias variables, resolver el modelo y dar una iterpretación a la solución dentro del ámbito establecido en el enunciado. No se espera que sean capaces de plantear un problema a partir de una situación de la realidad, a menos que se le proporcione la información física asociada con el problema. | Perfil de referencia | 1 | |
| 2.3 | ¿Que instrumentos integran la prueba con relación al perfil a evaluar? Describa la estructura de cada uno de ellos | Solo se considera un conjunto de tres pruebas objetivas diseñadas por varios docentes de la misma asignatura, cada una formada por 4 a 8 items de respuesta abierta, para ser aplicada en una sesión de clase, con duración aproximada de 80 minutos. El numero de items depende de la tabla de especificaciones que se construye por cada exámen. No se cuenta con guía de calificación de los items. | Descripción genérica de los instrumentos | 1 | |
| 2.4 | Presente las tablas de especificaciones o validez de contenido de los instrumentos | NO DISPONIBLES Las tablas no se han diseñado hasta la fecha, las pruebas se han construido a partir de la organización temática del curso, pero no se tiene una especificación. | Tablas de validez | 1 | |

| | |
|---|---|
| 4. | Recopilar los materiales informativos que deben acompañar este cuestionario e incluirlos como anexos. Los anexos pueden ser tan extensos como sea necesario para dar la información completa y el respaldo de la descripción incluida en el cuestionario. En los anexos podrán incluirse productos concretos asociados con la prueba, estudios y reportes realizados. En su caso, podrá incluirse alguna documentación de respaldo, consistente en cartas de referencia de expertos o de otros profesionales que hayan trabajado con la prueba, debidamente firmadas y con los datos que avalen a la institución o empresa (dirección, teléfono, etc.). Todos los materiales y referencias deben ser verificables por parte de cualquier evaluador externo.<br><br>En el caso de aspectos que no hayan sido atendidos con anterioridad, no se deberá incluir ningún anexo con materiales desarrollados solamente para cubrir el requisito, en cambio deberá indicarse la leyenda: no disponible<br><br>El conjunto de anexos deberá recopilarse en una carpeta, debidamente identificada y con separadores para cada uno de los puntos incluidos. |
| 5. | Verificar los estándares que se cumplen con la información proporcionada. Además, en los estándares que incluyen subdivisiones, deberá indicarse claramente si se satisfacen en su totalidad o parcialmente. |

6. Señalar en la columna "Reservado para evaluador" la proporción que se satisface del estándar: usar 1 para el pleno cumplimiento y 0 cuando no se satisface. En caso de que se cuente con una parte del estándar se puede indicar la fracción que se estime satisfecha, por ejemplo 0.5 (para la mitad del estándar), 0.75 (si se satisfacen tres de las cuatro partes en las que se subdivide el estándar), etc.

En lugar de la puntuación, se puede asignar una calificación cualitativa con estas categorías:

* No aplica en este momento
* Faltante
* A mejorar
* Bien

**2. Maual técnico y planeación de la prueba**

Se debe contar con un manual técnico que especifique las bases de diseño, perfil, propósitos de la prueba y su planeación

| No. | Concepto | Desarrolle aquí su respuesta | Contenido de los Anexos | Prioridad | Reservado para evaluador externo |
|---|---|---|---|---|---|
| 2.1 | ¿Se dispone de un manual técnico para la prueba? | NO DISPONIBLE | Manual técnico | 1 | 0 |
| 2.2 | ¿Cual es el perfil del sustentante a evaluar? | Se trata de estudiantes que cursaron y aprobaron las asignaturas del segundo semestre de la carrera de Ingeniería. Se espera que el estudiante sea capaz de comprender el enunciado de un problema físico que se le plantee y que pueda establecer un modelo matemático como función de varias variables, resolver el modelo y dar una iterpretación a la solución dentro del ámbito establecido en el enunciado. No se espera que sean capaces de plantear un problema a partir de una situación de la realidad, a menos que se le proporcione la información física asociada con el problema. | Perfil de referencia | 1 | 1 |
| 2.3 | ¿Que instrumentos integran la prueba con relación al perfil a evaluar? Describa la estructura de cada uno de ellos | Solo se considera un conjunto de tres pruebas objetivas diseñadas por varios docentes de la misma asignatura, cada una formada por 4 a 8 items de respuesta abierta, para ser aplicada en una sesión de clase, con duración aproximada de 80 minutos. El numero de items depende de la tabla de especificaciones que se construye por cada examen. No se cuenta con guia de calificación de los items. | Descripción genérica de los instrumentos | 1 | 0.8 |
| 2.4 | Presente las tablas de especificaciones o validez de contenido de los instrumentos | NO DISPONIBLES Las tablas no se han diseñado hasta la fecha, las pruebas se han construido a partir de la organización temática del curso, pero no se tiene una especificación. | Tablas de validez | 1 | 0 |

7. Llenar en la carátula la columna "Realizado", de acuerdo con los puntajes de satisfacción.

8. Obtener el total de puntos de la carátula, con lo cual se tiene la "proporción" de elementos entregados y con ellos disponer de una primera aproximación del cumplimiento de los estándares por parte de la prueba.

   Si se utilizó la calificación cualitativa, deberán sumarse los casos de elementos en la categoría "Bien" para identificar el total de elementos entregados.

## LISTA DE APLICACIÓN

Formato C-2
Fecha

Nombre de la prueba   PRUEBA INSTITUCIONAL, DEPARTAMENTAL, COLEGIADA O DE ACADEMIA

Reportar de 0 a 1

No reportar si no fue solicitado

| SECCION | Elemento | Entregar | Realizado | Elemento | Entregar | Realizado | Elemento | Entregar | Realizado |
|---|---|---|---|---|---|---|---|---|---|
| 0. Responsables del cuestionario | 0.1 Responsables | X | 1 | 0.2 Aval | | | | | |
| 1. Organos responsables | 1.1 Organigrama | X | 1 | 1.2 Consejo General | X | 0.5 | 1.3 Comités específicos | X | 0 |
| 2. Manual técnico y planeación | 2.1 Manual técnico | X | 0 | 2.2 Perfil del sustentante | X | 1 | 2.2 Instrumentos por perfil | X | 0.8 |
| | 2.4 Tablas de especificaciones | X | 0 | 2.5 Planeacion | X | 0 | 2.6 Adecuaciones | | 0 |
| | 2.7 Garantía contra sesgos | | | 2.8 Procesos de revision | | | | | |
| 3. Validez asociada con la prueba | 3.1 Evidencias de validez | X | 5 | 3.2 Validez de contenido | X | 1 | 3.3 Validez de criterio (1) | X | 0 |
| | 3.4 Validez de criterio (2) | X | 0 | 3.5 Validez | | | 3.6 Validez de constructo (2) | | 1 |
| 4. Reactivos y objetividad | 4.1 Manual de diseño de items | X | 0.5 | 4.2 Tipos de | | | 4.2 Validación de los items | X | 0.5 |
| | 4.4 Piloteo de items o pruebas | X | 0 | 4.5 Calific. | | | 4.6 Descripción del banco | X | 1 |
| | 4.7 Politicas de uso | | | 4.8 Difusion | | | | | |
| 5. Confiabilidad relativa a la prueba | 5.1 Confiabilidad y error de medida | X | 0.5 | 5.2 Tamaño de variables | X | 0 | 5.3 Descripcion de items | X | 0.5 |
| | 5.4 Muetsra para confiabilidad | | | 5.5 Confiabilidad de dictamen | | | 5.6 Resultados de confiabilidad | X | 0 |

| SECCION | Elemento | Entregar | Realizado | Elemento | Entregar | Realizado | Elemento | Entregar | Realizado |
|---|---|---|---|---|---|---|---|---|---|
| 9. Proceso de aplicacion y logistica | 9.1 Registro e inscripcion | | | 9.2 Instalaciones | X | 0 | 9.3 Protocolos de aplicacion | X | 0 |
| | 9.4 Codificacion y lectura | X | 1 | 9.5 Excepciones | X | .5 | 9.6 Revisiones | X | 0 |
| 10. Presentacion de resultados y uso | 10.1 Reportes y uso | X | 1 | 10.2 Analisis de resultados | X | .5 | 10.3 Tiempo de entrega (1) | X | 1 |
| | 10.4 Tiempo de entrega (2) | X | 1 | 10.5 Usuarios de la prueba | X | 0 | 10.6 Publicacion de resultados | X | 0 |
| | 10.7 Vigencia | | | 10.8 Area de investigacion | | | 10.9 Resultados estadisticos | X | .5 |
| | 10.10 Capacitacion a usuarios | | | | | | | | |
| 11. Promocion y contratacion | 11.11 Promocion | | | 11.2 Capacitacion en uso | | | 11.3 Forma de contratacion | | |

9. Identificar en el Plan de Desarrollo los estándares que ya se cumplieron, para ello se sugiere cancelar o eliminar los renglones de las actividades que tienen la calificación de 1 ó "Bien".

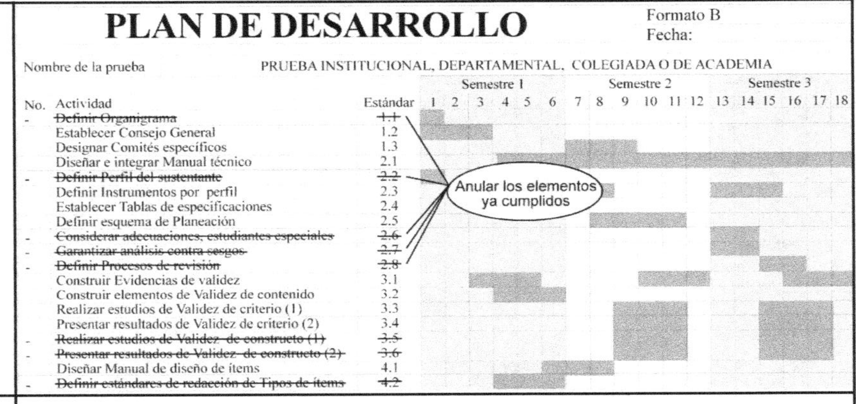

PLAN DE DESARROLLO — Formato B — Fecha:

Nombre de la prueba — PRUEBA INSTITUCIONAL, DEPARTAMENTAL, COLEGIADA O DE ACADEMIA

| No. | Actividad | Estándar |
|---|---|---|
| - | ~~Definir Organigrama~~ | ~~1.1~~ |
| | Establecer Consejo General | 1.2 |
| | Designar Comités específicos | 1.3 |
| | Diseñar e integrar Manual técnico | 2.1 |
| - | ~~Definir Perfil del sustentante~~ | ~~2.2~~ |
| | Definir Instrumentos por perfil | 2.3 |
| | Establecer Tablas de especificaciones | 2.4 |
| | Definir esquema de Planeación | 2.5 |
| - | ~~Considerar adecuaciones, estudiantes especiales~~ | ~~2.6~~ |
| - | ~~Garantizar análisis contra sesgos~~ | ~~2.7~~ |
| - | ~~Definir Procesos de revisión~~ | ~~2.8~~ |
| | Construir Evidencias de validez | 3.1 |
| | Construir elementos de Validez de contenido | 3.2 |
| | Realizar estudios de Validez de criterio (1) | 3.3 |
| | Presentar resultados de Validez de criterio (2) | 3.4 |
| - | ~~Realizar estudios de Validez de constructo (1)~~ | ~~3.5~~ |
| - | ~~Presentar resultados de Validez de constructo (2)~~ | ~~3.6~~ |
| | Diseñar Manual de diseño de ítems | 4.1 |
| - | ~~Definir estándares de redacción de Tipos de ítems~~ | ~~4.2~~ |



10. Eliminar los renglones para construir el Plan de Desarrollo, numerando solamente las actividades que deben realizarse en los diferentes plazos.

11. Revisar la planeación en función de las capacidades técnicas de la institución o las disponibilidades de recursos con que cuenta el responsable de la prueba y efectuar los ajustes necesarios a los tiempos propuestos para concluir con la planeación definitiva.

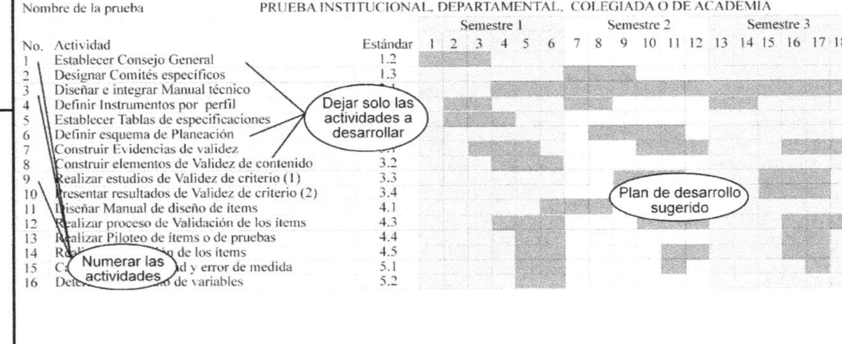

PLAN DE DESARROLLO — Formato B — Fecha:

Nombre de la prueba — PRUEBA INSTITUCIONAL, DEPARTAMENTAL, COLEGIADA O DE ACADEMIA

| No. | Actividad | Estándar |
|---|---|---|
| 1 | Establecer Consejo General | 1.2 |
| 2 | Designar Comités específicos | 1.3 |
| 3 | Diseñar e integrar Manual técnico | 2.1 |
| 4 | Definir Instrumentos por perfil | |
| 5 | Establecer Tablas de especificaciones | |
| 6 | Definir esquema de Planeación | |
| 7 | Construir Evidencias de validez | |
| 8 | Construir elementos de Validez de contenido | 3.2 |
| 9 | Realizar estudios de Validez de criterio (1) | 3.3 |
| 10 | Presentar resultados de Validez de criterio (2) | 3.4 |
| 11 | Diseñar Manual de diseño de ítems | 4.1 |
| 12 | Realizar proceso de Validación de los ítems | 4.3 |
| 13 | Realizar Piloteo de ítems o de pruebas | 4.4 |
| 14 | Realizar calificación de los ítems | 4.5 |
| 15 | Calcular confiabilidad y error de medida | 5.1 |
| 16 | Determinar pesado de variables | 5.2 |

## Plan de desarrollo

Formato B
Fecha:

Nombre de la prueba:

| No. | Actividad | Estándar | Semestre 1 | | | | | | Semestre 2 | | | | | | Semestre 3 | | | | | |
|---|---|---|---|---|---|---|---|---|---|---|---|---|---|---|---|---|---|---|---|---|
| | | | 1 | 2 | 3 | 4 | 5 | 6 | 7 | 8 | 9 | 10 | 11 | 12 | 13 | 14 | 15 | 16 | 17 | 18 |
| 1 | Definir organigrama | 1.1 | X | | | | | | | | | | | | | | | | | |
| 2 | Establecer consejo general | 1.2 | X | X | X | | | | | | | | | | | | | | | |
| 3 | Designar comités específicos | 1.3 | | | | | | | X | X | X | | | | | | | | | |
| 4 | Diseñar e integrar Manual técnico | 2.1 | | | | X | X | X | X | X | X | X | X | X | X | X | X | X | X | X |
| 5 | Definir perfil del sustentante | 2.2 | X | | | | | | | | | | | | | | | | | |
| 6 | Definir Instrumentos por  perfil | 2.3 | | X | X | | | | X | X | | | | | X | X | | | | |
| 7 | Establecer tablas de especificaciones | 2.4 | | X | X | | X | | | | | | | | | | | | | |
| 8 | Definir esquema de planeación | 2.5 | | | | | | | | X | X | X | X | | | | | | | |
| 9 | Considerar adecuaciones, estudiantes especiales | 2.6 | | | | | | | | | | | | | X | X | | | | |
| 10 | Garantizar análisis contra sesgos | 2.7 | | | | | | | | | | | | | X | X | | | | |
| 11 | Definir Procesos de revisión | 2.8 | | | | | | | | | | | | | | | X | X | | |
| 12 | Construir Evidencias de validez | 3.1 | | | X | X | X | | | | X | X | X | X | | | | X | X | X |
| 13 | Construir elementos de validez de contenido | 3.2 | | | | X | X | X | | | | | | | | | | | | |
| 14 | Realizar estudios de validez de criterio (1) | 3.3 | | | | | | | | | X | X | X | | | | X | X | X | |
| 15 | Presentar resultados de validez de criterio (2) | 3.4 | | | | | | | | | X | X | X | | | | X | X | | |
| 16 | Realizar estudios de validez de constructo (1) | 3.5 | | | | | | | | | X | X | X | | | | X | X | X | |
| 17 | Presentar resultados de validez  de constructo (2) | 3.6 | | | | | | | | | X | X | X | | | | | X | X | |
| 18 | Diseñar Manual de diseño de ítems | 4.1 | | | | | | X | X | | | | | | | | | | | |
| 19 | Definir estándares de redacción de tipos de ítems | 4.2 | | | | X | X | | | | | | | | | | | | | |
| 20 | Realizar proceso de validación de los ítems | 4.3 | | | | X | X | X | | | | X | X | | | | | X | X | X |
| 21 | Realizar piloteo de ítems o de pruebas | 4.4 | | | | | X | | | | | | X | X | | | | X | X | |
| 22 | Realizar calibración de los ítems | 4.5 | | | | | X | | | | | | X | X | | | | X | | |
| 23 | Presentar descripción del banco | 4.6 | | | | | X | | | | | | | X | X | | | | | X |
| 24 | Definir Políticas de uso | 4.7 | | | | | | | | | | | | | X | X | | | | |
| 25 | Establecer esquemas de difusión y muestra | 4.8 | | | | | | | | | | | | | X | X | | | | |
| 26 | Calcular confiabilidad y error de medida | 5.1 | | | | | X | | | | | | X | | | | | X | | |
| 27 | Determinar Tamaño de variables | 5.2 | | | | X | | | | | | | | | | | | X | | |
| 28 | Realizar depuración de ítems | 5.3 | | | | | X | X | | | | | | | | | | X | X | |
| 29 | Construir Muestra para confiabilidad | 5.4 | | | | | | | | X | X | | | | | | | | | |
| 30 | Demostrar Confiabilidad  de dictamen | 5.5 | | | | | X | | | | | | | X | | | | | | X |

| No. | Actividad | Estándar | Semestre 1 | | | | | | Semestre 2 | | | | | | Semestre 3 | | | | | |
|---|---|---|---|---|---|---|---|---|---|---|---|---|---|---|---|---|---|---|---|---|
| | | | 1 | 2 | 3 | 4 | 5 | 6 | 7 | 8 | 9 | 10 | 11 | 12 | 13 | 14 | 15 | 16 | 17 | 18 |
| 31 | Presentar Resultados de confiabilidad | 5.6 | | | | | X | | | | | X | | X | | | | | | X |
| 32 | Realizar Análisis de sesgo (1) | 5.7 | | | | | | | | X | X | | | | | | | | | |
| 33 | Presentar resultados de análisis de sesgo (2) | 5.8 | | | | | | | | X | X | | | | | | | | | |
| 34 | Establecer proceso de generación de pruebas | 6.1 | | | X | | | | | | | | | | | | | | | |
| 35 | Definir construcción de versiones o formas | 6.2 | | | X | | | | | | | | | | | | | | | |
| 36 | Definir la vigencia de las versiones | 6.3 | | | | | | | | | | | | | X | | | | | |
| 37 | Establecer formas de equivalencia entre versiones | 6.4 | | | X | | | | | | | | | | | | | | | |
| 38 | Definir los Valores de diseño | 6.5 | | | X | | | | | | | | | | | | | | | |
| 39 | Construir esquema de calificación | 7.1 | | | X | | | | | | | | | | | | | | | |
| 40 | Definir la escala de puntajes | 7.2 | | | | X | | | | | | | | | | | | | | |
| 41 | Establecer los puntos de corte | 7.3 | | | | | | | X | X | | | | | | | | | | |
| 42 | Definir esquema de calificación por  norma | 7.4 | | | | | | | X | X | | | | | | | | | | |
| 43 | Definir esquema de calificación por  criterio | 7.5 | | | | | | | X | X | | | | | | | | | | |
| 44 | Considerar combinación de instrumentos | 7.6 | | | | | | | | | | | | | X | X | | | | |
| 45 | Preparar materiales de apoyo | 8.1 | | | | | | | X | X | X | | | | | | | | | |
| 46 | Establecer reglas de seguridad y confidencialidad | 8.2 | | | | | | | | | X | X | | | | | | | | |
| 47 | Definir procedimiento de registro e inscripción | 9.1 | | | | | | | | X | | | | | | | | | | |
| 48 | Normar la calidad de las Instalaciones | 9.2 | | | | | | | | | | | | | | | X | | | |
| 49 | Preparar protocolos de aplicación | 9.3 | | | | | | | | | | | X | | | | | | | |
| 50 | Definir esquemas de codificación y lectura | 9.4 | | | | X | X | | | | | X | X | | | | | | | |
| 51 | Normar las excepciones y actos fraudulentos | 9.5 | | | | | | | | | | | | | X | X | | | | |
| 52 | Establecer esquema de revisiones | 9.6 | | | | | | | | | | | | | X | X | | | | |
| 53 | Definir los reportes y su uso | 10.1 | | | | | | X | | | | | | X | | | | | | X |
| 54 | Normar los análisis de resultados | 10.2 | | | | | | | | X | X | | | | | | | | | |
| 55 | Establecer el tiempo de entrega (1) | 10.3 | | | | | | | | | X | X | | | | | | | | |
| 56 | Establecer el tiempo de entrega (2) | 10.4 | | | | | | | | | X | X | | | | | | | | |
| 57 | Interactuar con los usuarios de la prueba | 10.5 | | | | | | | | | | | | | | | X | X | | |
| 58 | Publicar  resultados | 10.6 | | | | | | | | | | | | | | | | X | X | |
| 59 | Definir esquemas de vigencia | 10.7 | | | | | | | | | | | | | | | | X | X | |
| 60 | Reforzar área de investigación | 10.8 | | | | | | | | | | | | | X | X | X | | | |
| 61 | Publicar resultados estadísticos | 10.9 | | | | | | X | | | | | | X | | | | | | X |
| 62 | Capacitar a usuarios | 10.10 | | | | | | | | X | X | X | X | | | | | | | |
| 63 | Promover la prueba | 11.1 | | | | | | | | | | | | | | | | X | X | |
| 64 | Capacitar en su uso | 11.2 | | | | | | | | | | | | | | | | X | X | |
| 65 | Establecer la forma de contratación | 11.3 | | | | | | | | | | | | | | | | X | X | |

# *Bibliografía*

Anónimo (1987). ETS Standards for Quality and Fairness. Educational Testing Service. Princeton. N.J. 37 pp.

Anónimo (1990). "Standards for teacher competence in educational assessment of students. American Federation of Teachers, National Council on Measurement in Education, National Education Association". Disponible en: http://www.unl.edu/buros/bimm/html/article3.html

Anónimo (1993). Leadership Statement of Nine Principles on Equity in Educational Testing and Assessment. The first National Symposium on Equity and Educational Testing, nacional Research Council. Disponible en North Central Regional Educational Laboratory. www.ncrel.org/sdrs/areas/issues/content/cntareas/math/ma1newst.htm

Anónimo (1996). Principles of good practice for student affairs. American College Personnel Association ACPA. Disponible en: http://www.acpa.nche.edu/pgp/principle.htm

Anónimo (1996). Nine Principles of Good Practice for Assessing Student Learning. American Association for Higher Education. Disponible en: www.aahe.org/principl.htm o también http://www.fctel.uncc.edu/pedagogy/assessment/9Principles.html

Anónimo (1997). CAS Standards Learning Assistance Program Standards and Guidelines, En T.K. Miller (Ed.). The CAS Book of Professional Standards for Higher Education. Washington, D.C.: Council for Advancement of Standards in Higher Education. Disponible en: http://www.nade.net/documents/Articles/CAS.Standards.pdf

Anónimo (1997). Competency Standards in Student Assessment for Educational Administrators. American Association of School Administrators National Association of Elementary School Principals, National Association of Secondary School Principals, National Council on Measurement in Education. Disponible en: http://www.unl.edu/buros/bimm/html/article4.html

Anónimo (1999). Standards for Educational and Psychological Testing. American Educational Research Association, American Psychological Association, and National Council on Measurement in Education. Washington, DC. American Educational Research Association.

Anónimo (2001). Assessment and accountability. Why Standardized Testing is the Wrong Answer. Research Report. Elementary teacher's Federation of Notario. 5 pp.

Anónimo (2001). Testing Code of Ethics For North Carolina Testing Personnel, Teachers, and School Administrators. En Ward M.S. Policies and Standards, Their... anexos A y C. Guilford County (NC) Schools. Disponible en: http://www.natd.org/Apndx_a.htm, http://www.natd.org/Apndx_c.htm

Anónimo (2001). Principles of Good Practice for Assessing Student Learning. American Association of Higher Education. Washington D.C. 1992. También: California State University, San Bernardino. Disponible en: http://academic-affairs.csusb.edu/progs/progs/assessment/princple.htm

Anónimo (2001-2005). Appropriate Use of High-Stakes Testing in Our Nation's Schools. American Psychological Association. Disponible en: http://www.apa.org/pubinfo/testing.html

Anónimo (2004). Code of Fair Testing Practices in Education. Joint Committee on Testing Practices. American Psychological Association. Disponible en: http://www.apa.org/science/fairtestcode.html

Anónimo (2004). Best Practices in Higher Education. Center or Teaching Effectiveness. Disponible en: http://cte.udel.edu/bestpract.htm

Anónimo (2005). NCTA Professional Standards and Guidelines for Post-Secondary Test Centres. National College Testing Association. Disponible en: http://www.ncta-testing.org/resources/standards/standards.php

Anónimo (2005). Assessment Handbook. A Guide for Establishing Awareness of the Assessment Process. Fayetteville State University. Disponible en: www.uncfsu.edu/uts/Assessment%20Handbook.ppt

Anónimo (2005). Assessment and moderation in entry level qualifications-guidance on good practice. Qualifications and Curriculum Authority. Disponible en: http://www.qca.org.uk/13891.html

Banta, T. W., Lund, Black & Oblander (1996). Assessment in Practice: Putting Principles to Work on College Campuses. San Francisco: Jossey-Bass Publishers. 416 pp.

Black, P., & Wiliam, D. (1998). Inside the black box: Raising standards through classroom assessment. Phi Delta Kappan, 80(2), 139-148.

Black P., Harrison C., Lee C., Marshall B., Wiliam D. (2004). Working inside the black box: assessment for learning in the classroom. Phi Delta Kappan, Sep. 9-21.

Campbell, D.T. (1960). Recommendations for APA test standards regarding construct, trait, or discriminant valildity. The American Psychologist. (15) 546-553.

Chickering, A.W., and Gamson, Z.F. (1991). Applying the Seven Principles for Good Practice in Undergraduate Education. New Directions for Teaching and Learning. Number 47. San Francisco: Jossey-Bass Inc.

Codde, J.R. (2004). Applying the seven principles for good practice in undergraduate education. MIchigan State University. Disponible en: http://www.msu.edu/user/coddejos/seven.htm

Christ F.L. (2005). Some References for Best Practices of Learning Support Centres. Learning Support Centres in Higher Education. Disponible en: http://www.pvc.maricopa.edu/~lsche/resources/res_bibs_bestprac.htm

Donlon T.F. (1984). The College Board Technical Handbook for the Scholastic Aptitude Test and Achievement Tests. Nueva York. College Board.

Fleming, J. (1998). Correlates of the SAT in minority engineering students: An exploratory study. Journal of Higher Education, 69, 89-108.

Froese-Germain B. (1999). Standardized testing: Undermining Equity in Education. Canadian Teacher's Federation. 67 pp.

Geisinger G. y col. (1999) Rights and Responsibilities of Test Takers: Guidelines and Expectations. American Psychological Association. Disponible en: http://www.apa.org/science/ttrr.html

González, V. (1996). Do you believe in intelligence? Sociocultural dimensions of intelligence assessment in majority and minority students. Educational Horizons, 75, 45-52.

Grupo de Trabajo Sobre Estándares y Evaluación del Preal y Grade et al. (2002). Estándares educativos, evaluación y calidad de la educación. Compilación. Editorial Magisterio. 180 pp.

Haswell, R. H. (1983). Minimal marking. College English, 45, 600-604.

Hebbeler K.,Gerlach-Downie S.G. (2002). Inside the black box of home visiting: a qualitative analysis of why extended outcomes were not achieved. Early childhood Research Quarterly. 17 (2002) 28-51.

Holloway J.H. (2003). Linking professional development to student learning. Educational Leadership, Association for supervision and curriculum development. 85-97.

Impara J.C. (1996). Assessment Skills of Counselors, Principals, and Teachers. ERIC Digest. Disponible en: http://www.ericdigests.org/1996-2/skills.html

Kaminsky L. (2004). Making magic. Linking assessment and accountability. Leadership. 8-11

Kornhaber M.L. (2004). Appropriate and inappropriate forms of testing, assessment, and accountability. Educational Policy. (18)1, 45-70

Martínez R.F. y col. (2000). Estándares de Calidad para Instrumentos de Evaluación Educativa. Ceneval. México.

McColskey W. y McMunn N. (2000). Strategies for dealing with high-stakes tests. Phi Delta Kappan, (82) 2, 115-120.

McMillan J.H. (2000). Basic Assessment Concepts for Teachers and School Administrators. ERIC/AE Digest. ERIC Identifier: ED447201. ERIC Clearinghouse on Assessment and Evaluation College Park MD. Disponible en: http://www.ericdigests.org/2001-3/basic.htm

Olson L. (2000). Poll shows public concering over emphasis on standardized tests. Education Week. (19) 42, 9.

Olson L. (1995). Testing-Standards Review Likely To Address Technical Issues. Education Week. Disponible en: http://www.edweek.org/ew/articles/1995/03/22/26apa.h14.html

Pitsch M. (1993). ETS policies on investigating cheating assailed. Education Week. Abril. Disponible en: http://www.edweek.org/ew/articles/1993/04/28/31sat.h12.html

Poster A.C., Chester M.D. (2004). Framework for an effective assessment and accountability program: The Philadelphia example. Teachers College Record. (106) 6, 1358-1400.

Russell, M., & Haney, T. (2000). Bridging the gap between testing and technology in schools. Education Policy Analysis Archives[Revista electrónica], 8(19). Disponible en: http://epaa.asu.edu/epaa/v8n19.html

Saville N. (2002). Quality and Fairness: the ALTE Code of Practice and Quality Management Systems. SprogForum. Dinamarca. No 23, Vol. 8, 2002. 45-50. Disponible en: http://inet.dpb.dpu.dk/infodok/sprogforum/Espr23/saville.html

Schmeiser C.B. y col. (1995). Code of Professional Responsibilities in Educational Measurement. NCME Ad Hoc Committee on the Development of a Code of Ethics. National Council on Measurement in Education. Disponible en:
http://www.natd.org/Code_of_Professional_Responsibilities.html

Sturgeon T.V. (1994). Creating a standardized, systematic, and testable rating framework for competitive admission. The Journal of College Admission. Winter. 6-13.

Suskie L. (2002). Fair Assessment Practices: Giving Students Equitable Opportunities to Demonstrate Learning. System for adult basic education support. Massachusetts Department of Education. Volume 14: Spring 2002. Disponible en: http://www.sabes.org/resources/adventures/vol14/14suskie.htm

Taylor W.L. (2000). Standards, tests and civil rights. Education Week. (20) 11, pp 56,40-41.

Volante L. (2004). Teaching To the Test: What Every Educator and Policy-maker Should Know. Canadian Journal of Educational Administration and Policy, Issue #35, Septiembre 25, 2004.

Wall R. y col. (2003). Responsibilities of users of standardized tests: RUST statement revised. Association for Assessment in Counseling. Alexandria, VA. Disponible en: http://aac.ncat.edu/Resources/documents/RUST2003%20v11%20Final.pdf

Ward. M.S. (2001). Policies and Standards, Their Role and Revision: The Case of Ethics in Testing in North Carolina. Guilford County (NC) Schools. Disponible en: http://www.natd.org/Ward96.htm

Younger D., McGury S., Fiddler M. (2001). Interpreting principles of good practice in assessment. Assessment update. (13) 3, Mayo-junio, 1-15.

# Agustín Tristán López

Ingeniero civil egresado de la Facultad de Ingeniería de la Universidad Nacional Autónoma de México (UNAM), con doctorado en Mecánica de Sólidos de la École Nationale des Ponts et Chaussées (París). Desde 1975 comparte su práctica profesional entre el desarrollo de proyectos de ingeniería, por medio de simulación numérica y el modelado matemático, principalmente por el método del elemento finito, y la consultoría en evaluación educativa, en relación con el análisis matemático y estadístico de ítems y de pruebas. Es el autor de la Familia de Programas KALT. Desde 1976 ha contribuido con modelos originales en psicometría, tanto en teoría clásica como en modelos logísticos biparamétricos para pruebas referidas a criterio. Consultor de análisis de Rasch del Institute of Objective Measurement (Chicago) y de NAFEMS (Reino Unido). Autor de numerosos artículos y del libro Análisis de Rasch para todos. Ha trabajado como consultor de diversas instituciones de México, Colombia y El Salvador.

# Rafael Vidal Uribe

Es egresado de la carrera de Filosofía de la UNAM y tiene una maestría en Filosofía de McGill University (Montreal). A partir del año 1982 comenzó a trabajar en asuntos relacionados con la medición y evaluación. Desde la creación del Centro Nacional de Evaluación para la Educación Superior (Ceneval, 1994) trabajó en dicho centro, primero como Coordinador del Examen Nacional de Ingreso a la Educación Superior (EXANI II) y después como Director Técnico. Desempeñó el cargo de Director General Adjunto del Instituto Nacional para la Evaluación de la Educación de México (INEE), teniendo a su cargo responsabilidades técnicas y de decisión sobre los principales proyectos nacionales e internacionales de evaluación. Desde mayo de 2006 ocupa el cargo de Director General del Ceneval, donde se tiene el compromiso de aplicar los estándares objeto de la presente obra para las diversas pruebas producidas por dicho centro. Es autor de artículos relacionados con medición y evaluación y traductor del libro sobre la técnica de Rasch: Diseño de mejores pruebas de Wright, B. y Stone, M. Ha sido organizador de numerosas reuniones técnicas y ha dictado conferencias tanto en México como en el extranjero. Es desde 1981 profesor de Filosofía de la Ciencia en la Facultad de Filosofía y Letras de la UNAM.